Europe

開車玩歐洲

超簡單

李宜樺　文・攝影

作者序
最適合開車的旅遊地區，歐洲

對於上班族來說，要抽出時間出國旅行其實是種奢侈的享受，尤其是一周以上的旅行，送出假單前都要經歷過一場天人交戰。即使如此，這些年來總是利用特休、選個適當的季節，轟轟烈烈地玩個痛快，所以幾年下來，足跡已經踏遍世界五大洲以及超過半百個國家。然而在欣賞過不同的自然與人文景觀之餘、同時又經歷過東西文化差異的洗禮之後，我還是獨好歐洲，每年總想要回到這裡重溫初次旅遊的震撼與感動，每次瀏覽相簿都是一陣莫名喜悅，也讓我興起匯集成冊的念頭，在此特別感謝華成出版給我這次機會，把旅遊故事分享給大家。

記得第一次出國旅行就是前往有「世界公園」之稱的瑞士，前面 15 天是利用交通券 Swiss Pass 暢遊瑞士三大名峰，後面 5 天則是租車從蘇黎世出發，前往德國黑森林和新天鵝堡，再到巴黎繞一大圈後，才又回到蘇黎世飛回臺灣。從那次之後，我便瘋狂地愛上開車自助旅行，尤其歐洲更是我最愛開車旅遊的地區，最主要是基於兩個理由：

• **歐洲是全世界最熱門的旅遊地區**

根據聯合國世界觀光組織的統計，2013 年全球觀光人口最多的 10 個國家中，就有 7 國在歐洲；若以區域來分，2013 年全球的旅遊人口有 51.8% 集中在歐洲。

• **開車遊歐洲輕鬆又方便**

歐洲之所以熱門，主要歸功於豐富的人文景觀、古典建築，及許多壯麗的自然風光。雖然旅遊資源豐富，但歐洲也是全球物價指數最高的地區，一般的旅行團平均一天就要臺幣 10,000 元的團費，旅歐代價實在不小。

要以輕鬆又經濟的開車自助方式暢遊歐洲不難，只要會基本的英文，再加上事前的規劃準備，就可以暢行無阻啦！目前坊間還有很多教人如何自助旅行的省錢之道，包括搭便車可以省交通費、沙發衝浪可以節省住宿費，只不過這些方法往往缺乏便利性與機動性。最理想的方式還是租輛車、或許也可以帶著帳篷到處去旅行。歐洲露營風氣極為盛行，到處都可以看見設施完善的營地在向你招手，又有很多舒適的平價旅館；租車費用也相當便宜，有了車子代步，可以省去不少搬運行李的不便與麻煩，特別是若有老人家同行，租車旅行更是首選，畢竟歐洲境內多山，很多著名的小鎮都依山而建，如果沒有很好的體力，真的不適合當背包客或者拖著行李趴趴走。

　　來到歐洲旅行，記得帶著一份悠閒的心，同時拋棄所有世俗的羈絆，才有機會體驗她最美的一面，同時享受最高的旅遊品質。這裡有著美麗的湖光山色與人文景觀，也是全世界遺產最多的地區；人民教育程度頗高，幾乎每個人都可以開口說上幾句英文，加上善良民風與絕世美景，義北多洛米蒂山脈在峰迴路轉之際，總讓人有著世外桃源之感；挪威西部峽灣區的崖壁直峭入天，震懾驚服之際竟處處透著一絲柔情；瑞士湖光山色舉世無雙，阿爾卑斯山群峰巍峨，搭配著悅耳的牛鈴清唱，如入仙境；亞得里亞海水湛藍明媚，中世紀古城臨岸羅布，如同珍珠般閃閃發光並勾勒出一幅幅美麗動人的畫面。歐洲絕對是一輩子都要來過一次的地方！

如何使用本書？

　　本書所列之旅遊景點可以算是相當受歡迎的大眾化行程，十分適合上班族或是家庭旅遊，而藉由本書所列資訊並透過衛星導航系統（GPS）的搜索景點功能，更可補足食衣住行育樂等各種需求，所以建議在歐洲開車之前最好先取得一臺 GPS 導航系統會比較有保障！

　　一般 GPS 座標有度、分、秒這三種單位，相同地點因不同單位而會顯示不同結果，以陽明山花鐘停車場的 GPS 座標為例：

- 以「度」（d.d°）為單位：N25.15844° E121.53849°（「+」分別代表北緯 N ／東經 E、「-」代表南緯 S ／西經 W）
- 以「分」（d° m.m'）為單位：N25° 09.506' E121° 32.309'
- 以「秒」（d° m's"）為單位：N25° 09'30" E121° 32'18"

　　當今主流以「度」為顯示單位，所以本書也是以此標示，記得要把 GPS 設定成以「度」為單位才能導航到正確的位置。座標越完整定位就會越精準，但本書為避免過度複雜化只記錄到小數點後三碼。另外有些景點的定位是在行人徒步區裡，若導航過程中發現車子已經無法開進行人徒步區時，記得先在外圍

格林威治皇家天文臺，經線 0 度即通過此

尋找停車位，再依地圖或是其他定位裝置前往即可。

　　由於 GPS 通常會以當地語言顯示地名，所以在行程規劃時，盡量同時記錄當地名稱與英文，如此將更容易藉由 GPS 或是詢問當地人，而輕鬆找到所要去的景點。

目次 ／ Contents

行前準備

準備出發前

基本資訊

氣候

　　歐洲多處於中、高緯度地區，平均氣溫要比臺灣為低，尤其日夜溫差較大，要特別注意保暖；若是要前往高山地區，更要做好萬全準備，毛帽、圍巾、手套、雪衣、口罩等，都是相當重要的保暖工具。

貨幣

　　由於歐洲大部分的國家都已經統一使用歐元，所以前往歐洲攜帶歐元還是最佳的選擇，而且目前在歐洲非歐元國家也幾乎都可以接受歐元的現金交易，雖然找零錢時還是會折算當地的貨幣給你，但對於沒有兌換足夠當地貨幣的旅客來說，還是相當方便。不過，前往東歐旅行時最好還是兌換一些當地貨幣以便不時之需，尤其是路邊停車如果沒有當地的貨幣就完全沒轍，尋找兌換中心反而浪費很多時間。

　　另外，歐洲信用卡十分普及，在北歐甚至方便到連路邊停車費都可以接受信用卡，冰島更是可以完全不用兌換當地貨幣，只要一卡在手便全島走透透，所以在歐洲旅行記得一定要把信用卡帶在身上。

歐洲國家使用貨幣一覽表

國家	名稱（符號）	與歐元兌換	與臺幣兌換
歐元區	歐元（€）		36.58
冰島	克朗（ISK）	145.91	0.25
瑞典	克朗（kr）	9.56	3.83
挪威	克朗（kr）	9.42	3.88
丹麥	克朗（kr）	7.45	4.91
捷克	克朗（Kč）	27.03	1.35
立陶宛	立特（Lt）	3.42	10.7
波蘭	茲羅提（zł）	4.21	8.68
匈牙利	福林（Ft）	313.83	0.12
羅馬尼亞	列伊（lei）	4.42	8.27
保加利亞	列弗（лв）	1.95	18.74
波士尼亞與赫塞哥維納	馬克（KM）	1.95	18.76
克羅埃西亞	庫納（kn）	7.54	4.85
馬其頓	代納爾（ден）	61.37	0.6
英國與北愛爾蘭	英鎊（£）	0.73	50
瑞士	法朗（CHF）	1.08	33.95

* 匯率隨時變化，此表僅供參考。

油價

　　歐洲的油價可以說是全球最貴的地區，而各國油價差異也相當大，所以在歐洲跨境旅行時，最好可以隨時掌握最新的油價地圖，如此也可以節省一筆相當可觀的開銷。比如說義大利與奧地利的平均油價相差約臺幣 15 元左右，若以小車油箱 40 公升來說，這一來一往就相差約臺幣 600 元，這就是為什麼在奧地利與德國、瑞士或義大利邊境的加油站往往都會大排長龍的原因了。

　　另外，臺灣或大部分的國家都是汽油比柴油貴一點，不過歐洲有些國家卻是柴油價格比汽油貴，像匈牙利、保加利亞、英國與瑞士就是很好的例子。在歐洲柴油車其實相對普遍，有時候租到經濟型車款的柴油車就會覺得很划算，尤其是在油料普遍昂貴的北歐地區。

歐洲國家油價一覽表

國家	汽油（臺幣）	柴油（臺幣）
挪威	62.86	52.87
義大利	59.44	51.92
希臘	57.93	48.37
英國	57.54	58.47
芬蘭	56.1	50.57
冰島	55.41	53.31
荷蘭	54.73	48.08
丹麥	53.92	49.39
愛爾蘭	53.88	49.24
聖馬利諾	52.18	51.56
斯洛伐克	51.6	47.38
法國	51.4	42.07
瑞典	50.01	47.02
瑞士	49.95	50.68
德國	49.91	40.57
克羅埃西亞	49.69	42.78
比利時	49.07	43.48
列支敦士登	48.92	49.93
斯洛維尼亞	48.07	43.36
葡萄牙	48	43.63
羅馬尼亞	47.22	45.13
西班牙	47.15	45.21
塞爾維亞／蒙特內哥羅	46.85	46.29
奧地利	45.39	40.95
立陶宛	45.09	40.12
馬其頓	44.73	39.33
捷克	43.8	40.97
盧森堡	43.75	37.31
愛沙尼亞	43.25	36.89
波蘭	42.55	38.12
保加利亞	42.39	45.26
匈牙利	41.99	43.23

國家	汽油（臺幣）	柴油（臺幣）
安道爾	40.99	37.44
拉脫維亞	40.67	39.53
波士尼亞波士尼亞與赫塞哥維納	40.52	40.11

* 此表油價已統一換算成臺幣價格，由於折算價格易受匯率影響，此表僅供參考，即時資訊可參考以下網站：gasoline-germany.com。
* 製表時臺灣參考油價是 92 汽油（臺幣）23.1 、柴油（臺幣）20.9。
* 西班牙不包含加那利群島。

旅行證件

護照

　　根據規定，首次申請普通護照必須本人親自至外交部領事事務局，或外交部中、南、東部、雲嘉南辦事處辦理；或向全國任一戶政事務所辦理人別確認後，始得委任代理人續辦護照。申請時須填妥並繳交普通護照申請書乙份與最近 6 個月內拍攝之彩色證件照片：直 4.5 公分、橫 3.5 公分，不含邊框；光面白色背景乙式 2 張；若年滿 14 歲及領有國民身分證者，應繳驗國民身分證正本（驗畢退還），並將正、反面影本分別黏貼於申請書正面（正面影本上須顯示換補發日期）。未滿 14 歲且未請領國民身分證者，請繳驗含詳細記事之戶口名簿正本（驗畢退還），並附繳影本乙份，或繳交最近 3 個月內辦理之戶籍謄本方可辦理。

Data

外交部領事事務局
◎ 地址：臺北市中正區濟南路 1 段 2 之 2 號 3-5 F
◎ 電話：（02）2343-2888
◎ 網址：www.boca.gov.tw
◎ 受理時間：周一至周五 08:30-17:00（中午不休息，另申辦護照櫃檯每
　周三延長辦公時間至 20:00 止，各地辦事處相同）

中部辦事處
◎ 地址：臺中市南屯區黎明路 2 段 503 號 1 F
◎ 電話：（04）2251-0799

雲嘉南辦事處
◎ 地址：嘉義市東區吳鳳北路 184 號 2 F-1
◎ 電話：（05）225-1567

南部辦事處
◎ 地址：高雄市前金區成功一路 436 號 2 F
◎ 電話：（07）211-0605

東部辦事處
◎ 地址：花蓮縣花蓮市中山路 371 號 6 F
◎ 電話：（03）833-1041

申根簽證 / 保險

　　目前歐盟給予持臺灣護照的旅客免簽證優惠，且不僅受惠於申根區，部分非歐盟區也一併給予免簽優惠，詳情可至「外交部領事事務局」網站查詢，所以對臺灣民眾而言，前往歐洲旅行更為簡單方便。

　　但以下兩個國家為有條件的免簽。「蒙特內哥羅」需先填妥旅遊計畫表並於行前完成通報，詳情請參閱外交部領事事務局→旅外安全資訊→各國暨各地區簽證、旅遊及消費者保護資訊，搜尋蒙特內哥羅。「科索沃」則須事先向其駐外使領館通報，步驟如下：

Step 1 填妥入境通知（申請）書：可填寫欲參觀科索沃世界遺產「德查尼修道院」（Visoki Dečani）。

Step 2 將申請書寄至科索沃駐任何一國的大使館電子信箱。

Step 3 收到申請確認信（視作業期間而定）。

Step 4 約 5 至 10 天會收到入境許可信。

Step 5 把通知表格列印出來，確實依表格上所列的入境地點與日期進入科索沃。

　　以上兩國入境通報程序皆可至外交部網站查看詳細說明,並可下載相關旅遊計畫表與範例。而目前亞得里亞海一帶除了「塞爾維亞」尚未提供臺灣護照免簽外,其餘沿海諸國盡數免簽,辦理塞國簽證方法如下:

- 申請準備文件:
  □護照(最少 90 天以上效期)、□ 2 吋大頭照、□二張申請表格、□有效邀請函(個人或公司名義,也可以請飯店開立,需有當地警察機關蓋章確認)、□回程機票
- 申請費用:€ 62
- 申請地點(只列塞國周邊國家):匈牙利(Dózsa György út 92/b H-1068, Budapest)、羅馬尼亞(Calea Dorobantilor 34, Bucharest)、保加利亞(Veliko Tarnovo 3 1504, Sofia)、克羅埃西亞(Pantovcak 245, Zagreb)

　　大使館收到資料後,會回傳至塞國首都貝爾格萊德(Belgrade),約 12 至 15 天左右才會核發簽證。

　　此外,由於歐洲醫療費用昂貴,所以若要前往歐洲旅遊,最好還是在出國前購買申根保險會比較有保障。

愛爾蘭

葡
萄
牙

西班牙

機票

　　機票是旅行中最大的單筆支出之一，尤其是這種飛歐美的越洋航線，如何找到便宜又舒適的機票是一門高深的學問，有時候更需要一點運氣，不過原則上只要把握以下四個步驟，就有機會買到超值划算的機票。

Step 1 提早計畫

　　什麼時候會買到便宜的機票誰也說不準，因為影響機票的因素很多，但通常提早規劃行程，做好詢價、比價的工作，遠比出發前一刻才購買，會更有機會拿到便宜的價錢，除非是航空公司特別促銷，不然一般而言，出發前的機票大部分都只剩下高價的艙等，但若是提早購買，則有機會拿到航空公司的促銷價，所以原則上越早購買機票越有折扣的優勢。

Step 2 多多比價

　　買東西一定要貨比三家，買機票自然也是如此。其實航空公司給代理商或旅行社的折扣與利潤都不太一樣，有些甚至只供應幾家代理商低價的艙等，而超低價的機票只有在官網上才看得到，所以多比價幾家的報價後再購買，才有機會找到對自己有利的機票，而比價管道主要有以下 4 個來源：

- **旅行社**：有時候航空公司會跟某些旅行社簽約，取得較低的機票成本再轉賣給消費者，如此消費者便有機會買到較便宜的機票。
- **大型國際旅遊網站**：比較知名的國際旅遊網站有，
  - Expedia：www.expedia.com
  - KAYAK：www.kayak.com/flights
  - CheapTickets：www.cheaptickets.com
- **比價網站與搜索引擎**：常見的比價搜索引擎有，
  - Skyscanner：www.skyscanner.com.tw
  - Google flight：www.google.com/flights
- **官網**：某些航空公司的低價艙等只限於官網上銷售，所以千萬別忘了上航空公司的官網查詢，往往也會有意想不到的收穫喔！

Step 3 外站出發優勢

最簡單的例子是從香港出發的價格，有時會比從臺北出發還要便宜，尤其現在臺港線的機票也十分親民，所以分開購買二張機票有機會可以拿到更低的價錢，尤其以飛美國最為明顯，缺點就是要多轉一次機，並有班機延誤而銜接不上的風險。從日韓出發有時也會有意外驚喜，同時可以利用廉價航空接駁與臺灣之間的往返。

Step 4 善用哩程票

首先必須先說明的是，並非航空公司的飛行常客才可以使用哩程票，只要有管道、有方法，誰都可以輕鬆取得超值的哩程票，甚至能用經濟艙的價錢享受商務艙，這就是哩程票的魅力。

在此要先介紹「飛行常客計畫」（Frequent Flyer Program，FFP），是航空公司為提高顧客忠誠度所設計的獎勵制度，概念就如同信用卡刷卡紅利積分，搭乘特定航空公司時，航空公司會依據飛行的距離、艙等，或者是購買機票的金額，給予相對應的飛行積分，累積到一定的數量時就可以向航空公司兌換免費機票，而且通常不限本人，你也可以用自己的飛行積分幫親朋好友兌換。所以時下有很多商務飛客，常因出差而累積大量的飛行積分，若自己太忙用不到的話就會在網路上販售，讓一般人也有機會取得極為超值划算的獎勵機票。

以國泰航空的獎勵制度為例，兌換一張臺北飛法國巴黎的商務艙來回機票要 120,000 哩／亞洲萬哩通點數，現今每哩成本大約是臺幣 0.4 至 0.45 元來說，購買這張哩程票的成本約臺幣 48,000 至 54,000 元（未稅），但這張機票在國泰航空公司的網站售價高達臺幣 90,000 至 176,000（未稅），所以幾乎是比經濟艙多一點的價格，即可享受商務艙的尊榮禮遇。不僅如此，有些 FFP 還允許哩程票可以免費停留，也就是說只停一個點（目的地）或是多停留一個點（目的地＋額外停留），所需要的兌換積分是一樣的，如此一來更可以大大增加哩程票的價值。

我自己換過最超值的獎勵機票，是全美航空還在星空聯

盟的時代，曾經用 80,000 積分、約合臺幣 50,000 元的成本，取得臺北到倫敦、再到維也納、最後停留紐約才回到臺北，全程商務艙的環球機票（總共停留三站），當時旅行社的報價甚至超過臺幣 30 萬，可以說是非常不可思議的兌換經驗。另外有些航空公司也可以使用積分或是升等券提供旅客艙位升等，如購買經濟艙的機票升等為商務艙等。

哩程票當然有一定的限制與缺點，其中最大的限制就是航空公司提供的獎勵機票數量往往有限，所以說提早訂位換票是克服這種限制的最好辦法。哩程票的累積與兌換其實是一門非常令人著迷的學問，目前國內外都有不少論壇可供參考，有興趣的朋友不妨多參加相關的討論，相信會讓你獲益良多！

住宿

雖然歐洲的物價水準極高，住宿費用也不便宜，不過歐洲畢竟是觀光產業非常發達的地區，到處都可以找到品質相當不錯的住宿地點，而且開車自助旅行的好處就是可以自己選擇喜歡的住宿條件，不論是高級星級飯店，還是平價青年旅館或是背包客棧（Bed & Breakfast），甚至也可以簡單到只帶個帳篷，隨時入住營地，所以在歐洲開車旅行對於住宿的選擇將更為多樣化，同時也讓自己的行程更有彈性。

如果沒有品牌限制的話，也可以直接到搜尋網站或旅行社尋找自己喜歡的旅館，不過缺點是居住的品質差異性相對較大。

星級高級飯店

若要住得舒服，星級飯店自然是最佳選擇，不但可以提供停車服務與完善的娛樂設施，甚至有些還附有早餐，可以讓你在一整天旅行疲勞之餘獲得充分休息，基本上幾個國際知名的連鎖飯店都可以提供不錯的住宿品質。

青年旅館

青年旅館與背包客棧通常是以床為單位，這些旅館也可

以提供相當舒服且乾淨的住宿環境，有些還設有廚房並提供早餐。不過由於是以床為單位，所以可能要跟不認識的人住在一起。

另外，這些旅館房間的活動空間相對較小，而且停車問題也會比較麻煩，所以整體來說比較不適合以家庭為主的旅遊行程。因為有些飯店的雙床房最多可以允許住到四個人，所以有時候多人入住青年旅館不見得會比飯店划算，這也是在規劃時要特別留意之處。

羅馬尼亞民宿老闆會掛上客人國旗，他說下次再光臨，也會為我們掛上臺灣國旗

露營住宿

這裡要特別推薦一種另類的住宿方式：露營。其實歐洲露營風氣相當盛行，遍布各式各樣的營地，有些營地的設施甚至可以讓人有如五星級的享受，從游泳池、桑拿、餐廳，到廚房一應俱全，而且重點是費用相當便宜；最便宜曾經在法國住過三人只要€ 10 的開心價，最貴的佛羅倫斯三人也只要€ 53 。選擇以露營的方式遊歐洲，不但兼顧經濟性，還多了一份機動性，車子開到哪就睡到哪。

以露營方式遊歐洲，別忘了在出發前準備一頂帳篷與露營用具，包含睡袋與睡墊，最好也帶著簡單的炊具，畢竟不是所有營地都附設廚房，唯有萬全準備才能以備不時之需。而決定露營地的方式大約為以下三種：

• 出發前自行上網尋找與定位

從露營網站中點擊區域地圖就會發現其實歐洲散布著密密麻麻的露營地，其中數字代表該地區內的營地數量。

接著進一步點開地圖，將游標移到標示的營地位置，系統就會顯示該營地的價錢與評分（Rating），若對這個營地有興趣的話，可以點入「more information」，系統便會顯示這

個營地的基本資訊，包括收費標準、露營區內的相關設施，最重要的是會帶出營地的 GPS 座標，即可標示在離線地圖 App 上。也可以直接利用 Galileo App 搜尋的功能，敲入關鍵字「Camping」，帶出一些營地位置，到時再比對網站所顯示的營地名稱，就可以輕鬆完成營地定位了。

• 直接用 GPS 搜尋附近的營地

現今市面上兩大 GPS 品牌：Garmin 與 TomTom 衛星導航系統，都有提供就近搜尋的功能，旅行途中也可以利用衛星導航系統搜尋最近的營地，只是有時候 GPS 找到的營地可能不如人意或難免會有錯誤，所以最保險的方式還是事先上網尋找，比較有保障。

• 到當地依路標或地圖尋找附近的營地

因為在網路上刊登需要費用，所以有些營地不見得會出現在搜尋的清單裡，若 GPS 找不到合適的營地時，在開車途中也可以循著路標（如左圖所示）的方向找到理想的營地。但這種方法的缺點就是不確定性比較高，因為永遠不知道下一個營地什麼時候會出現，所以最好掌握時間並提早留意。另外有些國家如冰島，旅遊手冊上會標示營地位置，可以至遊客中心索取並善加利用。

路標

要特別提醒的是，入住營地最好還是提早 check-in，有些營地一過營業時間辦公室會關門，這時其實還是可以先住進去（但要找人幫忙開柵欄），等到隔天早上再付錢即可。

另外，歐洲露營車也相當普遍，好處是永遠不用擔心颱風下雨所帶來的不便，晚上睡覺也可以睡得比較安穩一點，尤其歐洲有不少免費的路邊停車場，許多人就直接把露營車停在裡面過夜，連營地費用都省下來了，有興趣的人也可以

嘗試這種另類的玩法。歐洲大部分的營地生活機能都相當方便，而且多附有 Wi-Fi，不要忘了在休息前，將美好的相片上傳並分享給你的親朋好友喔！

在挪威羅浮敦群島路旁的休息區，車主直接把露營車停在此過夜

這位阿伯開著他的車，帶著他的伙伴，一路從德國旅行到挪威

德國新天鵝堡附近的露營地

奧地利阿爾卑斯山營地的湖光山色

前往挪威羅浮敦群島前的營地，往下一望即是美麗的峽灣地形

 Info

住宿相關網站

☆ 訂房網站
zh.hotels.com
www.booking.com
www.expedia.com

☆ 星級飯店
優越會：www.ihg.com，全世界最大的飯店集團
雅高：www.accorhotels.com，歐洲最大的飯店集團
卡爾森俱樂部：www.clubcarlson.com，歐洲第二大的飯店集團
SPG 俱樂部：www.starwoodhotels.com，以強大的會員計畫著稱

☆ 青年旅館
www.hostelworld.com
www.europeanhostels.com
www.hostelbookers.com

☆ 露營地
www.eurocampings.co.uk
en.camping.info

開車上路前

GPS 與離線地圖

在歐洲開車最好有 GPS，否則人生地不熟的相當不方便，同時也可以節省許多寶貴的時間。當然在租車時也可以向租車公司加租 GPS，只不過費用不便宜，倒不如直接在國內買臺 GPS，在國內外皆可以使用。

目前在臺灣所販售的 GPS，不管是 Garmin 或者是 TomTom 都有免費提供臺灣道路地圖，但如果要在國外使用，還要另外購買當地的地圖（圖資或圖卡），可直接於 Garmin 官方網站購買；或利用 TomTom 連線軟體線上購買，再直接下載。這兩套系統其實很難分出高下，就個人使用經驗來說，TomTom 的操作介面比較理想；然而就地圖的精確性而言，似乎 Garmin 又略勝一籌。

但不管是 TomTom 還是 Garmin，都可以支援座標輸入，只要輸入本書提供的 GPS 座標，就可以輕鬆前往這些地方，非常方便。值得一提的是，這兩家 GPS 的地圖目前都還不是 100% 涵蓋整個歐洲地區，有些國家，特別是東歐如阿爾巴尼亞、波士尼亞與赫塞哥維納（以下簡稱波士尼亞）、馬其頓等的圖資只有連接主要道路而已，也就是說，你還是可以透過主要道路進入這些國家，但之後就會因為地圖不完整而失效，所以最好還是要準備一套離線地圖帶在身邊，以備不時之需。

個人覺得目前最好用的離線地圖 App 是 iOS 作業系統

的 Galileo 離線地圖,將地圖(可自行製作或線上下載)放到 Galileo 後,就可以直接在上面標記要去的旅遊景點、旅館位置等,Galileo 且會記錄下 GPS 座標,對開車旅行來說非常實用。iPad ／ iPhone 的用戶還可透過內建 GPS 晶片隨時知道目前位置,避免被帶錯路,是 GPS 不支援該地區地圖時的救命法寶。

歐洲開車注意事項

國際駕照

開車遊歐洲於租車公司取車時,最好準備本國駕照以便備查,此外,還須具備有效的國際駕照。申請國際駕照非常簡單,只需要持國內駕照、身分證與兩張二吋相片,至各地監理所辦理即可。

遵守路權

當所有的準備工作都完成之後,出發前一定要先熟悉在歐洲開車的注意事項,尤其是路權觀念特別重要,未遵守路權規定而發生事故,即使自己是被撞的那一方,責任歸屬還是算在你身上。唯有清楚明白相關的交通安全規則後,才能快樂出門,平安回家。

一、在交叉路口沒有明顯優先路權的道路上,永遠禮讓右側來車先行。

二、圓環外的車子務必禮讓圓環內的車子。歐洲不管大城市或者是鄉村的交通要道,都會設置很多圓環,當車子行經圓環時,請減慢車速,或在圓環外暫時停車等待,確定圓環內沒有其他來車,或者圓環內的來車已打方向燈示意要離開時,才可將車子駛進圓環內。一旦進入圓環內,你就擁有優先路權,只要以方向燈示意後方或圓環外的來車,並慢慢離開圓環即可。

三、直行車有優先路權:從 T 字路口要轉進直行車道時,或者是在小馬路要轉進幹道時,務必等直行車輛完全通過後才可以轉進去,即使你已經很早就在路口等待了還是要遵守路權的規定。無論如何,來到路口時,一定要養成停車再開的好習慣,才能避免不必要的交通事故發生。

習慣開大燈

　　雖然目前全歐洲還沒有統一規定開車必須開大燈，不過來到歐洲大陸或在國外租車，最好還是養成隨時打開大燈的習慣，不僅行車安全更有保障，也可以避免被罰而荷包大失血（因為自己曾經在阿根廷開車只開小燈，而被警察罰款USD 100……）。

進入市區務必減速通過

　　歐洲很多市區都設有測速機器，有些還有超速照相的功能，有些則會顯示哭臉（超速了），或者是笑臉（你很乖，歡迎光臨），來提醒駕駛人進入市區記得要減速慢行，這不僅是對當地居民的一種保障，其實也是一種尊重與禮貌。

歐洲街頭的測速器，提醒進入市區的車輛須減速慢行

嚴守內線超車規定

　　以臺灣一般用路人的開車習慣來說，只要哪個車道沒車、好走就開哪邊，以為不超速即可，但這個觀念其實是錯的。在歐洲開車一定要嚴守內線超車的規定，而且超車完務必回到外側車道，絕對不可以在外側車道超車或是以最高速限占據內側車道。唯有確實遵守交通規則，才是對所有用路人的保障。

停車

　　雖然開車遊歐洲有一定的便利性，不過由於歐洲的主要歷史古蹟與建築都集中在市區，所以停車問題就會變得比較麻煩一點，尤其是在義大利米蘭、佛羅倫斯等停車不便的城市時，可先將車子停在郊區，再搭乘大眾運輸工具進城。

　　在市區停車最常見有二種方式，一種是自助式的無人管理停車場，開進停車場時先取票，要離開時再到繳費亭依停車時間多寡來繳費消磁；另外一種是開放式的路邊自助停車

格，當在路邊停好車子後，一定要先四處找尋停車售票機，然後依自己所需的停車時間投入相對應的價錢，大部分會直接在售票機上顯示到期的時間，若覺得還要更長的停車時間直接加錢即可，取得停車票之後，放在駕駛座擋風玻璃下方以便執法人員檢查。部分熱門景點，如義大利威尼斯，警察檢查得很嚴，最好還是保守估計所需的停車時間，以免受罰。

基本上，歐洲社會強調互信，第一次在瑞士瀑布鎮（Lauterbrunnen）看見商家直接把商品擺在門外就打烊、完全不怕東西被偷而感到印象深刻；搭乘大眾運輸時也幾乎沒有剪票服務。如果違反互信而超時停車，代價就是重罰，所以在歐洲看到路邊的停車格，一定要確認清楚是否要收費，有時候也會遇到國定假日的免費時段，但如果你沒確認清楚而去繳錢的話，機器也不會主動告知，然後你就會得到一張停車時間爆長的停車票，當然機器是不可能退錢給你的，那就只好算是跟這個城市結緣的一種方式吧！

常見的路邊停車售票機

租車

　　在歐洲開車自助旅行是一件非常輕鬆簡單的事，不過在出發之前一定要選好租車公司，其實這一點也不難，只要把握幾個簡單的原則與技巧，就可以開始享受在歐洲開車的樂趣了。

選擇租車公司

　　一般而言，直接上國際租車公司的網站訂車是最簡單的方法，最有名的品牌為 Hertz、Avis 和 Budget，幾乎都可以租到相當有保障的車子。我向 Hertz 租車至今還沒有什麼不愉快的經驗，但 Budget 的水準就沒有那麼整齊，風險相對來說比較大一點。要尋找租車公司其實相當簡單，用關鍵字「Car Rental」就可以找到好幾家了，以下幾個是比較著名的國際連鎖公司：

- Hertz：www.hertz.com
- Avis：www.avis.com
- DOLLAR：www.dollar.com
- Europcar：www.europcar.com

　　直接上租車公司網站都可以找到不錯的車子，缺點就是價格會比較貴一點，如果想要進一步控制旅遊成本的話，可以考慮第三方租車公司，現在市面上的第三方租車公司其實很多，可多比較幾家以拿到更優惠的價錢，比較有名的有：

- 智遊網：www.expedia.com
- Economy Car Rentals：www.economycarrentals.com
- Holiday Cars：www.holidaycars.com

接下來以「旅途客國際租車」（Rentalcars）為例說明第三方租車公司，並提供大家另一個租車的選擇。首先，什麼是第三方租車公司呢？簡單來說，就是租車公司的代理商，所以這些租車公司名下並沒有自己的專屬車商，但通常會代理國際知名租車公司，如 Hertz 或 Avis 的車子，就供車品質而言算是相當有保障。由於第三方租車公司可以同時代理多家車商，所以在眾多報價競爭下，往往讓消費者以極為優惠的價格租車，以我自身在該網站的帳號為例，所拿到的租車明細表（臺幣）如下：

機場（國家）	租車天數	總租金	平均日租金	車商
CDG（法國）	21	12,495	595	Budget
LHR（英國）	12	9,526	793	Enterprise
VIE（奧地利）	21	21,090	1,004	Budget
TLL（愛沙尼亞）	10	9,006	901	addCar
CPH（丹麥）	16	18,400	1,150	Europcar
CUN（墨西哥）	9	6,440	716	MEXC
DUB（愛爾蘭）	7	4,408	630	Avis
MAD（西班牙）	12	4,080	340	Budget
LJU（斯洛維尼亞）	11	3,895	354	Sixt
KEF（冰島）	8	12,178	1,522	Enterprise

最貴的在冰島，但每天平均也只要臺幣 1,522 元；而最便宜的則在西班牙馬德里，平均一天只要臺幣 340 元，所以大致上可以說是相當實惠。至於如何取得這樣便宜的租車價錢呢？這裡提供三大技巧：

技巧1 提早訂車

到底要提早多久呢？簡單來說，當你決定好行程並訂完機票後，不管是離出發日期還有一個月、還是半年以上，都可以隨時上網或打電話給客服，預訂想要的車款，越早預訂優勢越大，這也是輕鬆取得便宜租車價格最重要的步驟。

技巧2 隨時上網檢視訂單與修改訂單

由於旅途客提供相當方便的取消與修改政策，取車前 48 小時都可以免費取消或是修改訂單，基於這個理由，當你訂完車子之後就可以隨時上網檢查價格，一旦發現有比當初預

訂還要便宜的租車價格時，就可以直接上網或請客服幫忙修改訂單，並退回差價，這會讓你有機會租到最便宜的價錢，也是這個租車網站最大的優勢。

以我在斯洛維尼亞租車的經驗來說，一開始也是提早半年就上網訂車，當時拿到的價格大約是臺幣 8,800 元左右，給的是 Budget 的車子，後來我發現 Budget 相同的訂單出現臺幣 6,000 元左右的報價，就馬上打電話向客服反應，請他們修改，沒想到他們一查，發現 Sixt 同等級車型竟有臺幣 4,408 元的報價，我自然二話不說請客服修改，租車金額立刻節省一半，可知越早訂車，越有時間與彈性拿到好價錢。

技巧 3 ▶ 善用人工下單

這個技巧在一些旅遊論壇也有人提到，據說最多可以再省個 10%，至於最後可以省多少？完全取決於車商所給的利潤而定。原則上，網站上提供的價格一定分為兩個部分，第一個部分是車商的供應價格，另一部分則是給第三方租車公司的主要利潤。如果以人工預訂方式，就有機會向客服人員爭取一些折扣，老客戶尤其容易，他們會視利潤空間回饋給消費者，雖然不算太多，但這也是可以爭取的部分。

Data

> 旅途客國際租車
> ◎ 電話：0080-113-6274（臺灣地區提供手機免付費直撥電話，並支援中、英文等多國語言服務）
> ◎ 網址：www.rentalcars.com

在旅途客租車有哩程回饋嗎？

這其實是很多航空飛客會問的問題。由於現在的租車公司大多與航空公司異業結盟，持特定航空公司的會員卡去官網訂車，多半會給予折扣或者是獲贈飛行哩數，這對消費者而言自然是一件好事，但羊毛出在羊身上，當租車公司的利潤越高，自然會願意回饋給消費者，所以這通常只局限在租車公司網站下的有效租車。

旅途客只是租車的仲介公司，租車後的相關規定還是要依汽車供應商所定，不同地區的車行其規定不盡相同，所以在取車前務必詳讀契約書（Terms and conditions），以確保自身租車的權益。雖然在旅途客訂的車子多半沒有再額外

給予航空公司飛行積分，不過對臺灣地區的消費者比較好的消息是，旅途客目前有跟長榮航空合作，只要從長榮航空官網首頁→無限萬哩遊→賺取哩程→其他合作夥伴優惠哩程，連結到旅途客，每消費臺幣 100 元就可以獲得 5 哩的長榮飛行積分，而且這個優惠只限網路預訂，有在收集航空積分的朋友千萬不要錯過。相關網址如下：長榮航空（www.evaair.com），從中文網頁點進來就可以看到與旅途客合作的 logo

購買保險與其他服務

　　租車除了基本費用以外，還有一項極為重要的保險費用。車主向旅途客租車時，都會得到這樣的提醒：「我們免費提供以下服務：取消訂車、修改訂單、盜竊險、車體破損險、訂金確認車輛，取車前四周付餘款」，所以照字面上來看似乎已經包含碰撞險（CDW）與盜竊險（LDW），但實際上這只是基本保險，至於是不是完整的保險？還是要進一步去看條款與規定裡頭所明訂的「自賠付額」來決定。

　　若自賠付額為 0 元，表示這是完整的碰撞險與盜竊險，在租車過程中所發生的事故，消費者均不會被收取任何車體損壞或被竊所衍生的賠償費用。

把滑鼠游標移到盜竊險或是車體破損險字樣上，網頁也會即時顯示自賠付額。另外，點選「條款與規定」，除了明確規定合約內容外，拉到底在「租車保險資訊」也會顯示自賠付額。

自賠付額

自賠付額是旅途客比較受爭議的部分，若沒有仔細去了解合約內容，就容易有租車上的糾紛。

基本上在歐洲租車大部分都會有自賠付額，而這個金額就是消費者所要支付理賠的上限。所以一旦發生事故造成車體的損毀，消費者還是要支付給租車公司損壞賠償，只不過所支付的金額會有個上限，從下面的例子來看，損壞賠償的上限就是€ 850、若車子被竊或遺失則須賠償€ 2,000。這算是

很薄弱的車體保險，如果對自己的開車技術沒有十足把握的
話，建議可以加買保
險。

如何加買保險？

租車後要加買保
險的方式有二種：第
一種是直接在取車時向當地的租車公司購買，若在租車過程
發生意外，還車時不用支付任何費用。或是直接向旅途客購
買保險，點擊「現在訂車」後就會出現保障車輛免責額的畫
面，只要勾選，就可以用一定的費用，在旅途客買到額外的
碰撞與盜竊險，唯一不同之處是向旅途客買保險後若發生意
外，會先被租車公司收取賠償費用，等回國後再依此帳單向
旅途客申請退回費用。

一般而言，直接跟旅途客購買保險，會比跟租車公司購
買來得便宜，而且透過預訂中心購買的話，通常還可以拿到
九折的優惠。以下圖為例，每日 269 元的保障車輛免責額是
含車身、車底和底盤、擋風玻璃、汽車輪胎、車鎖和車鑰匙
的替換，以及拖車所產生的費用，算是相當超值。其實在旅
途客租車已經可以省下一筆可觀的租車費用了，不妨用省下
來的錢買保險圖個安心，以免途中發生的意外事故壞了旅遊
的興致！

![完全保障制度，超值，最好的保障，安心無憂。]

跨國租車

要特別提醒的是，若是跨國租車旅行，一定得注意所租
的車子是否可以跨國入境，有些海關會檢查相關的文件，而
每間租車公司所允許入境的國家也可能不同，所以在訂車之
前，必須詳讀條款或請客服人員幫忙確認清楚，這也是在行
前規劃前與旅行準備過程中要多加留意的事。

租車旅遊的自由便利是最大的優勢

租車糾紛與申訴

要減少租車糾紛最好的方法就是詳讀租車條款與規定，同時參考旅途客網頁所顯示的全球車行顧客評分，個人覺得這個顧客評分還頗具參考價值，畢竟旅途客可以算是相當知名的第三方租車公司，這也是自我保障最基本的方法。

若是遇到交易糾紛也可以透過旅途客進行申訴。先從官網進入「我的訂車系統」，點選「客戶服務部」並填寫申訴表格，旅途客會有專人跟車商進行協商，若有不合理的地方，也會幫忙爭取權益或者退費。

雖然旅途客強調保證最低價格，但終究只是個廣告詞，仔細找的話應該也是可以找到更便宜的第三方租車公司，我就曾在 Economy Car Rentals 找到更優惠的價錢，但取車時才發現這個價錢只限單一租車國家，跨國的話每天多收 € 5，所以實際費用反而更貴。整體來說，旅途客是相對比較便宜又有保障的第三方租車公司，至少價格公開透明，沒有一堆隱藏費用，如果可以善用這些資源的話，不但可以租得安心，也可以節省一筆不小的旅行支出。

Info

額外服務
旅途客租車也可以申請額外的服務，包括追加駕駛人、GPS、兒童座椅等，可以說是相當方便。

取車

由於旅途客只是第三方租車公司，在這裡訂完車後，接下來所有的取車與還車相關規定，都須配合當地的租車公司，因此當你在取車時所有的用車問題，就要向當地的租車公司諮詢清楚。

取車時，需要攜帶取車單（voucher）、國際駕照和一張有效的信用卡；另外最好隨身攜帶國內核發的駕駛執照，即使上面全是中文。以我自身經驗為例，有一次取車時，租車公司職員指著我的本國駕照說這才是「driving license」，國際駕照只是「driving permit」，租車公司不接受；所以無論如何，本國駕照隨身攜帶還是比較有保障。

　　取車時，租車公司大多會先從信用卡預扣一筆信用額度（預售權），還車沒任何問題才會取消這筆預售權；有些租車公司是直接收取一筆費用，還車時再退還，這種情況下，就會損失一些信用卡的刷卡手續費。要特別提醒的是：預售權的擔保通常只接受信用卡，而不接受國際簽帳卡，而且因為車子的價值不同，所需要擔保的金額也會不同，所以一定要準備足夠的信用額度以備不時之需。

　　最後，取車第一件事是把車子巡視一遍，檢查油表是否正常、看看車體外觀是否有任何損害情形，並拍照存證，確定車子的相關證件，包括行車執照與跨國許可證件等。一切正常的話，就可以開始享受開車上路的樂趣了。

還車

　　目前國際知名連鎖租車公司都有 A 地租 B 地還的服務，但要使用這樣的服務必須在租車時指定還車地點，同時可能需要支付一筆異地還車費用，一般而言，兩地距離越長還車費就會越貴。

　　所以當有人由 A 地租車但還車到 B 地，租車公司想節省成本的話，就會以「回頭車」的方式，把車子租給預計由 B 地開到 A 地的旅客，有時候甚至完全免費，只需支付一定的保險費用，對消費者與租車公司而言是雙贏局面；如果開不到回頭車，異地還車費用有可能還會高於本身租車費用。

　　還車時記得先加滿油，並遵循指標「Rental Car Return」，開到車商指定地點即可。通常還車時，租車公司會先檢查車況是否正常並開張收據給你，有些公司甚至簡單到只要把車子停好並把鑰匙交回櫃檯人員即可，但最好還是多預留一些時間，以免發生臨時狀況而耽誤航班。

還車指標

路線一：冰島　路線二：英國　路線三：愛爾蘭與北愛爾蘭
路線四：西班牙與葡萄牙　路線五：阿爾卑斯山周邊與義北

單國／雙國行程規劃

路線一：冰島

　　記得以前地理課本有提到，紐西蘭以豐富的自然景觀著稱，向來有「大自然的地理教室」之美譽，不過相較之下，其實我更推崇冰島，無論是冰河、瀑布、地熱、間歇噴泉、火山、火口湖、冰原等，每種不同特色的自然景觀均令人拍案叫絕而流連忘返，冰島真的是喜歡大自然的朋友，一輩子一定要來一次的國家！

　　順便一提，冰島是前往世界第一大島格陵蘭（Greenland）與法羅群島（Faroe）的重要據點，時間允許的話，千萬不要忘了順遊這兩個地方，相信不會令人失望！

開車小叮嚀

　　2015 年最新版本的 TomTom GPS 歐洲地圖還沒有涵括冰島，不過冰島的道路系統相當簡單，最主要的 1 號公路不但可以環島一圈，而且主要景點也幾乎都位在這條公路附近，所以只要準備適當的離線地圖就夠了，實在沒有必要再向租車公司租借昂貴的 GPS。另外，前往冰島 F 開頭的公路，如彩色火山的 F208 必須租借具備四輪驅動的車子，這是取車時租車公司會明確申明的重要條款。

　　在冰島開車時可以參考 www.road.is 網站查詢天氣與路況，從地圖上也能知道哪些是四輪驅動路段，哪些路段正在施工，而標示紅線就代表無法通行（impassible）、紅色 X 即為道路封閉（closed）。地圖還可顯示目前的溫度與風速

F.R.AH

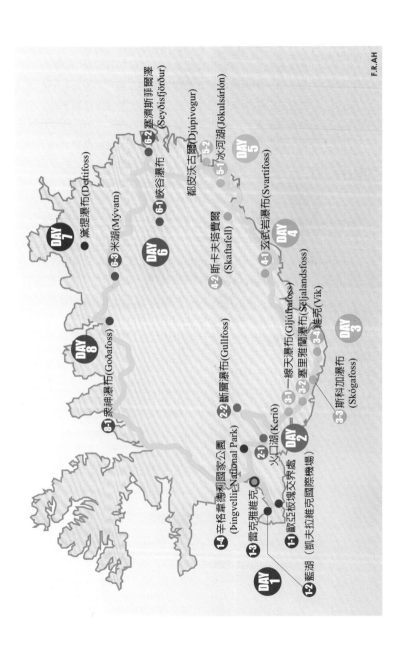

黛提瀑布(Dettifoss)

6-2 塞濟斯菲爾澤 (Seyðisfjörður)

都皮沃古爾(Djúpivogur)

米湖(Mývatn)

6-1 峽谷瀑布

5-2

5-1 冰河湖(Jökulsárlón)

DAY 5

DAY 7

6-3 米湖

DAY 6

斯卡夫塔費爾 (Skaftafell) 4-2

4-1 玄武岩瀑布(Svartifoss)

DAY 4

DAY 8

衆神瀑布(Goðafoss)

斷層瀑布(Gullfoss) 2-2

一線天瀑布(Gljúfrafoss) 3-1

塞里雅蘭瀑布(Seljalandsfoss) 3-2

3-4 維克(Vik)

DAY 3

8-1 辛格韋德利國家公園 (Þingvellir National Park)

火口湖(Kerið)

斯科加瀑布 (Skógafoss) 3-3

2-1

DAY 2

1-4 雷克雅維克

1-3 歐亞板塊交界處

1-1 凱夫拉維克國際機場

DAY 1

1-2 藍湖

（向），溫度過低時路面容易結冰打滑，風勢過大則容易發生事故，尤其冬、春之際更要特別留意。

最後要提的是，我在歐洲租車很少加買保險，一方面當然是省錢，另一方面是歐洲道路系統相當完善，公路品質也算不錯，不過建議來冰島還是買個保險，一來冰島有些非 F 開頭的公路尚未鋪設柏油路面，而且整個路基為了防止積雪都有架高設計，所以翻車機率相對較高；另外，冰島風勢強勁，在某些路段又有砂石車橫行其間，可能傷害到車子的擋風玻璃，且發生率不低，所以擋風玻璃也有獨立的保險，只保碰撞險的話並無涵蓋擋風玻璃損壞賠償，最保險的作法是購買完全免責的保險，會讓整趟旅行安心不少。

遊冰島要特別強調保險的另一個原因是，冰島對車子受損判定特別嚴格，我在取車時就看到一名遊客與租車公司的員工爭執一個肉眼幾乎看不到的刮傷，可能只是略微擦到樹枝，但租車公司還是執意要求賠償，當然這也可能只是個案，不過人在冰島，建議還是準備好必要的保險，至少比較安心。

景點導覽

藍湖 Blue Lagoon

冰島國際機場位於首都雷克雅維克西南方約 40 公里處的凱夫拉維克（Keflavik），機場附近就有幾個重要景點，其中一個是歐亞板塊與美洲板塊的交會處：Midlina；另外一處就是冰島享有盛名的溫泉勝地：藍湖，由於冰島有相當豐富的地熱資源，所以整個國家有好幾處溫泉勝地，藍湖則因地利之便而最負盛名。

歐美板塊交會處

藍湖一景

Data
　歐美板塊交會處
◎ GPS 座標：63.868,-22.675

　藍湖
◎ GPS 座標：63.880,-22.449
◎ 網址：www.bluelagoon.com
◎ 票價：藍湖 SPA 泡湯費用分為四個等級，費用由
　　€ 45~ € 165 不等，詳細收費情形可參考藍湖網站

藍湖溫泉區

雷克雅維克 Reykjavík

　　冰島首都，也是該國第一大城，位於冰島西南部，是當今全世界最北的首都。整個市區最重要的景點首推以火箭為造型的大教堂，可以登頂遠眺整個雷克雅維克的市容與遠方的雪景，是極具代表性的地標。

Data
　雷克雅維克大教堂
◎ GPS 座標：64.142,-21.927
◎ 網址：www.visitreykjavik.is/hallgrimskirkja-church
◎ 開放時間：每日 09:00~22:00
◎ 票價：參觀教堂免費，登塔費用 ISK 600，登塔電梯無人員管制，
　　但仍需先入內購票後再登塔

黃金圈之辛格韋德利 Þingvellir National Park

　　冰島的國土面積有 103,000 平方公里，約臺灣三倍大，所以要走完主要景點，至少也需一至二周的時間，對於時間有限的觀光客而言，「黃金圈」可以説是遊覽冰島的最佳選擇。這條從雷克雅維克出發的路線，沿途會經過辛格韋德利國家公園、間歇性噴泉地熱區以及冰島最具代表性的斷層瀑布和火口湖，連同藍湖在內，幾乎涵蓋全國最精華的自然景觀，成為整個冰島最熱門的旅遊景點。

　　辛格韋德利國家公園位於雷克雅維克東北約 40 公里車程之處，這個國家公園以世界最早的議會而聞名（西元 930 至 1798 年），從園區步道上所繪的示意圖可得知當時的人就是

辛格韋德利國家公園一景　　　　　　　辛格韋德利國家公園步道

站在這片山坡地上參與議事，獨特的議會形式與背後的歷史意義，讓這個地方成為冰島目前唯一的世界文化遺產。

黃金圈之火口湖 Kerið

這座火口湖據說是錐形火山爆發後，大量的火山岩漿噴發完後使整個錐形火山頂崩塌，並經長年的風化以及降雨（雪）而形成，從高處望去跟臺灣三叉山旁的高山湖泊「嘉明湖」有著異曲同工之妙，均呈現雞蛋形狀，不過嘉明湖是由隕石撞擊而來，跟火山爆發造成的火山湖明顯不同，而且最大的差異是：欣賞這座火山湖不用爬個三天兩夜的山、累得半死後才可看到，由於有 35 號公路直接通過山腰，因此停好車後只要走一小段路即可欣賞到這美麗而特殊的景色，若路過不進來看看就實在太可惜了。

黃金圈之架橋瀑布 Bruarfoss

前往架橋瀑布的叉路口就在通往間歇噴泉的 37 號公路途中，這裡不算是黃金圈的熱門景點，知道的人其實不多，整體瀑布也不算太大，但整個水流所形成的畫面美得令人窒息。

架橋瀑布

Data

架橋瀑布
◎ GPS 座標：64.265,-20.517，步道停車處 64.263,-20.510
◎ 開放時間：全天開放
◎ 票價：免費
◎ 注意：從停車處接健行步道後，過河再走一小段路抵達的木橋，是欣賞瀑布的最佳地點

黃金圈之間歇噴泉 Geysir

全世界有兩個地方的間歇噴泉最負盛名，其一為美國黃石公園，再來就是冰島。「Geysir」這個字原意為湧出，而英文的間歇噴泉「geyser」更是源自於此，也不難想像這是冰島最具代表性的旅遊景點之一。

間歇噴泉噴發高度可達 70 公尺，最大特色在於平均每 8 分鐘就會表演一次，相較於黃石公園的華麗間歇噴泉（Grand Geyer）一天只噴二、三次，或是老忠實（Old Faithful）噴泉固定 90 分鐘噴發一次，冰島間歇噴泉不會讓你等到打瞌睡，在這裡保證可以看個盡興！

間歇噴泉

Data

間歇噴泉
◎ GPS 座標：遊客中心 64.310,-20.303
◎ 網址：www.geysircenter.com
◎ 開放時間：6 至 8 月 10:00-22:00，9 至 5 月 10:00-18:00
◎ 票價：免費

斷層瀑布全貌

斷層瀑布與峽谷

黃金圈之斷層瀑布 Gullfoss

　　由於地理位置與地形的原因，冰島擁有南極冰帽以外最大的冰原之一，正因如此，這個島上大大小小的瀑布林立。從噴泉區沿 35 號公路往東續行約 10 公里左右，即會來到該國最具代表性的瀑布之一：斷層瀑布，這個瀑布最大的特點是由於地層錯動後而改變河水流向，並形成這壯觀的一幕。

Data

斷層瀑布
◎ GPS 座標：64.327,-20.121
◎ 網址：www.gullfoss.is
◎ 開放時間：全天開放
◎ 票價：免費

塞里雅蘭瀑布 Seljalandsfoss

　　這個瀑布後面隱藏著一個天然石洞，直瀉而下之際，從洞內向外望去猶如一層白色簾幕，因此也被稱為「水簾洞瀑布」，是一個看似平凡但非常驚險、有趣的瀑布，有步道供人繞到後方，可行走其中實際感受瀑布的震撼與其注入潭中飛濺四溢所帶來的充沛水氣，體驗清涼舒暢的快感。

塞里雅蘭瀑布步道後方景色

Data

塞里雅蘭瀑布
◎ GPS 座標：63.616,-19.990
◎ 開放時間：全天開放
◎ 票價：免費

一線天瀑布　Gljúfrafoss

　　沿著塞里雅蘭瀑布步道續行約 600 公尺，即可來到這個隱藏在山壁裡的一線天瀑布，這個瀑布不管從瀑布口或是爬上山壁從洞口下探都非常有可看性，只不過爬上山壁過程有點危險，請務必小心。

Data

> 一線天瀑布
> ◎ GPS 座標：63.621,-19.988
> ◎ 開放時間：全天開放
> ◎ 票價：免費

塞里雅蘭瀑布一景

斯科加瀑布　Skógafoss

　　在冰島也相當有名氣，不僅以水量充沛聞名，在天氣好的時候還可以在瀑布前形成彩虹，而有「彩虹瀑布」之稱。瀑布旁設有步道，沿著階梯而上可至瀑布頂端享受直瀉而下的震撼感，若時間夠的話，還可以繼續沿溪谷而上欣賞美麗的峽谷風光。斯科加瀑布不遠處還有防寒性良好的冰島傳統草屋博物館，供遊客購票入內參觀，有興趣的朋友不妨順道造訪。

Data

> 斯科加瀑布
> ◎ GPS 座標：63.532,-19.511
> ◎ 開放時間：全天開放
> ◎ 票價：免費
>
> 傳統草屋博物館
> ◎ GPS 座標：63.526,-19.492
> ◎ 網址：www.skogasafn.is
> ◎ 開放時間：6 至 8 月 09:00-18:00，9 至 5 月 10:00-17:00，10 至 4 月 11:00-16:00
> ◎ 票價：ISK1,500

一線天瀑布

傳統草屋博物館

斯科加瀑布

218 號公路的海蝕洞與黑色玄武岩沙灘

218 號公路的玄武岩柱與黑色玄武岩沙灘

維克小鎮海岸佇立的玄武岩石柱

維克 Vik

　　這個海邊小鎮有著十分迷人的海岸風光，選擇在此住宿一晚是個不錯的選擇，尤其海邊佇立的玄武岩柱，走在岸邊總不免讓人多看一眼。對自然生態有興趣的話，維克一直是海鸚鵡（Puffin）的棲息地之一，沿岸的海鷗種類也相當繁

Data

　　維克相關 GPS 座標
　◎ 海上玄武岩柱最佳欣賞地點：63.414,-19.014（維克鎮上）
　◎ 玄武岩石牆：63.404,-19.045
　◎ 海蝕洞：63.404,-19.129

215 號公路的玄武岩石牆

多，這也吸引很多人專程前來這個小鎮。另外，從維克附近轉 218 號公路可抵達海蝕洞、轉 215 號公路則可抵達黑色玄武岩沙灘與玄武岩石牆，這一帶正是美國電視影集《Sense 8》的取景地點，所以這些地方都是維克小鎮的必遊景點！

瓦特納冰河國家公園

Vatnajokulspjodgardur National Park

冰島語就是「冰河之湖」的意思，總面積高達 12,000 平方公里，是全歐洲最大的國家公園，園內最重要的一個部分：冰河，面積高達 8,100 平方公里，也是歐洲最大的冰帽，造就這座國家公園內令人目不暇給的飛瀑、冰河與冰河湖等自然景觀，同時這裡也是雪地活動愛好者的天堂。

國家公園在斯卡夫塔費爾（Skaftafell）設有遊客與冰河導覽中心，遊客可以在此自行選擇個人喜愛的健行路線，或是報名參加冰河導覽中心提供的各式冰原活動，據說在 6 至 8 月的熱門季節非常搶手，所以提早在網路報名比較保險，這些種類繁多的冰原活動其實是很新鮮的體驗，有興趣的朋友不妨試試。

從遊客中心有步道前往玄武岩瀑布 Svartifoss，即「黑色瀑布」之意

玄武岩瀑布步道有路通往眺望冰河的展望點，沿途 風光如畫　展望點可以近距離觀看冰河，由此下山可以回到遊客中心

Data

瓦特納冰河國家公園
◎ GPS 座標：斯卡夫塔費爾 64.016,-16.966
◎ 網址：www.vatnajokulsthjodgardur.is
◎ 開放時間：1 月 11:00-16:00，2 至 4 月 10:00-17:00，5 至 9 月 09:00-19:00，10 至 11 月 10:00-17:00，12 月 11:00-16:00
◎ 票價：免費

冰河湖　Jökulsárlón

　　從斯卡夫塔費爾循 1 號公路往東沿著瓦特納冰河國家公園的外緣，隨即會見到兩座冰河湖，由於有冰河注入其中，所以湖中會有許多大大小小冰河崩解後的浮冰，形成一幅奇特又美麗的畫面。小冰河湖是一座內陸湖，而大冰河湖則是最主要搭乘破冰船的地點，在船上可近距離欣賞冰河以及湖上各種不同造型變化的浮冰。

小冰河湖與浮冰　　　　　　　　　冰河湖附近的冰河

大冰河湖與破冰船

Data

冰河湖
◎ 座標：小冰河湖 64.014,-16.372，大冰河湖 64.048,-16.180
◎ 開放時間：全天開放
◎ 票價：冰河湖免費；破冰船有兩種收費標準，ISK 4,500 ／ 1,000（成人／兒童）／ 30-40 分鐘，ISK 7,500 ／ 3,750（成人／兒童）／ 1 小時

都皮沃古爾 Djúpivogur

位於峽灣旁的都皮沃古爾是一個十分美麗的小鎮，這個地方也因為附近有一座金字塔形聖山（Búlandstindur）而得名，而這座冰島聖山在冬季白雪覆蓋下景色令人驚嘆。

Data

GPS 座標
◎ 都皮沃古爾：64.656,-14.281
◎ 冰島聖山：64.698,-14.402

從都皮沃古爾走 939 號公路繞過東邊峽灣區的沿途風光

峽谷瀑布 Hengifoss & Litlanesfoss

在冰島東部 931 ／ 933 號公路交會處，有兩座瀑布相繼從山上直瀉而下，宛如一條白玉飛龍飛躍其間，配合湍急的峽谷激流，引人入勝。峽谷瀑布與玄武岩瀑布是冰島兩座比較需要爬山才得以一窺全貌的瀑布，所以相對之下較辛苦，尤其是玄武岩瀑布剛開始的直上路段會讓人走得有些掙扎，而峽谷瀑布只要爬上停車場旁的小山壁就大多是緩

都皮沃古爾漁港與冰島聖山

上層是 Hengifoss 瀑布，下層是 Litlanesfoss 瀑布　　Hengifoss 瀑布

坡好走的路了，雖然這瀑布在山下隱約可見，但既然來了，不妨就爬上來好好欣賞吧！

> **Data**
> 峽谷瀑布
> ◎ GPS 座標：停車場 65.073,-14.881
> ◎ 開放時間：全天開放
> ◎ 票價：免費

塞濟斯菲爾澤　Seyðisfjörður

　　這個小鎮因頻臨塞濟斯峽灣而得名，也被譽為冰島最美的小鎮之一，其實這個地方也是冰島經由法羅群島通往歐陸的門戶。前往塞濟斯菲爾澤可由東邊大城埃伊爾斯塔濟（Egilsstaðir）轉 93 號公路，途中會經過一片十分厚實完整的冰原，如果你沒有辦法租到四輪驅動車欣賞冰原景觀公路的話，來這裡走走就對啦！

> **Data**
> 塞濟斯菲爾澤
> ◎ GPS 座標：65.260,-14.005

鑽石圈之火山湖　Viti

　　冰島其實有兩大溫泉區，分別為南部的藍湖與北部的米湖（Mývatn），而這兩大溫泉區都有其區域性的觀光景點。藍湖以黃金圈聞名，而米湖一帶則由附近的景點串連成鑽石圈，所以有南黃金、北鑽石之稱。不過由於黃金圈占盡地理優勢，造訪人數相對還是比較多，但鑽石圈自然有其可觀之處，全歐洲最大的瀑布就在這裡。

　　鑽石圈也有個火口湖，而且是個一大一小、雙火山湖的結構，不過或許是高緯度的關係，這個火山湖冬季的結冰湖面尚未融盡，或許晚些時候再來看又會是不同的味道。從大

前往塞濟斯菲爾澤的冰原景觀

塞濟斯菲爾澤一景

大火山湖

小火山湖

火山湖登上旁邊的小山丘就可以看到小巧可愛的小火山湖，輕鬆即可欣賞到兩個獨特的火山湖，若路經米湖不轉進來看看未免太可惜。火山湖附近還有個火山熔岩景觀區（Leirhnjukur），這個地方主要可以看到一些火山地質與硫磺地熱地形，不少人在此收集珍貴的火山岩，不過春季冰雪未消，整個路段難行，最好穿著防水登山鞋比較理想，尤其棧道稍顯溼滑，行走其間要特別小心，不然只怕會讓人深深覺得：踏雪尋梅其實沒有想像中浪漫！

熔岩地獄

Data

火山湖
◎ GPS 座標：65.717,-16.757
◎ 開放時間：全天開放
◎ 票價：免費

黛提瀑布

黛提瀑布的上游：色弗瀑布

米湖地熱區

米湖溫泉區

米湖附近有名的火山：惠爾火山（Hverfjall）

米湖南邊 848 號公路大量出現的黑色火山口

鑽石圈之黛提瀑布　Dettifoss

　　如果是看過《普羅米修斯》（Prometheus）這部電影的科幻迷，一定會對劇中外星人在瀑布喝下黑水後崩解的這一幕感到印象深刻吧！沒錯，這景正是取自有「歐洲尼加拉瀑布」之稱的黛提瀑布，寬 100 公尺，高 45 公尺，號稱全歐洲最大、最洶湧的瀑布。

　　前往黛提瀑布可走 862 或是 864 號公路，一般而言 862 號公路相對好走，也是前往黛提瀑布的主要公路（Dettifoss Rd），不過這裡卻因為角度的關係，而無法一窺整個瀑布最

壯觀的一面。從黛提瀑布循著步道指示往南即可來到色
弗瀑布（Selfoss）；鑽石圈的瀑布之旅至此尚未結束，
往北還有一個 Hafragilsfoss 瀑布，是這個峽谷的三大瀑布
之一。之後可返回米湖泡湯去，那裡也有一堆景點呢！

天然洞穴溫泉

Data

黛提瀑布
◎ GPS 座標：停車場 65.812,
　-16.399（含色弗瀑布）
◎ 開放時間：全天開放
◎ 票價：免費
◎ 交通：前往 Hafragilsfoss 瀑布
　可從黛提瀑布停車場循原路
　往回行駛約 1 公里處，見叉路
　（65.818,-16.411）前往；也可
　走 864 號公路

米湖溫泉區
◎ GPS 座標：65.631,-16.848
◎ 網址：www.myvatnnaturebaths.is
◎ 開放時間：6 至 8 月
　09:00-24:00，9 至 5 月 12:00-22:00
◎ 費用：6 至 8 月 ISK 3,700，9 至 5
　月 ISK 3,200

相關 GPS 座標
◎ Hverarönd 熔岩地獄：65.641,-16.809
◎ 天然洞穴溫泉：65.626,-16.884
◎ 惠爾火山：65.605,-16.891

眾神瀑布　Goðafoss

從米湖沿著 1 號公路往西行駛約 40 公里即可來到眾神瀑
布，由於就在路旁，因此可以十分輕鬆地欣賞這個美麗瀑布。
雖然冰島瀑布成群，但不同瀑布有不同聲勢與造型，即使沿
途瀑布不絕，但還不至於
會讓人無聊到索然無味的
地步，反而不禁要讚嘆起
大自然的神奇力量！

Data

眾神瀑布
◎ GPS 座標：停車場 65.684,-17.548
◎ 開放時間：全天開放
◎ 票價：免費

眾神瀑布

路線二：英國

　　英國有著全世界最昂貴的離境稅，尤其跨洋離境（即長程航班）的稅金更是驚人，所以前往英國與歐陸旅遊時，建議將英國設為首站，並由其他城市離境。以下行程主要是從倫敦出發到蘇格蘭天空之島、然後南下到威爾斯後一路往南到多佛，最後再回到倫敦搭機離開。

　　英國堪稱文化大國，近年來隨著《哈利波特》系列電影的熱賣，更掀起一股旅遊熱潮。自然風光主要集中在蘇格蘭與中部湖區（Lake District）一帶，南部的海岸線也非常值得欣賞，那是一段非常特別、也非常美的風光。

開車小叮嚀

　　在英國開車，最大的挑戰就是右駕左行的道路系統，也就是方向盤在右邊，車子靠左邊行駛，和我們平日所習慣的左駕右行不同，其實只要記得轉彎時，駕駛位置須往道路中線靠即可。

　　一般來說，英國道路品質相當不錯，除了部分公路與橋梁外，大部份的高速公路都不收費，整體公路系統規劃也十分完善；加上英國人開車有禮貌且相當遵守交通規則，所以在英國開車不致於有太大的問題。唯一要挑剔的是，一些山路與湖區路面略微狹窄，甚至很多路段幾乎沒有路肩，一來沒有辦法隨時停車休息，二來有時面對急速迎來的大卡車會有會車壓力，尤其英國愛開快車的人其實不少！無論如何，小心上路是確保安全的不二法門。

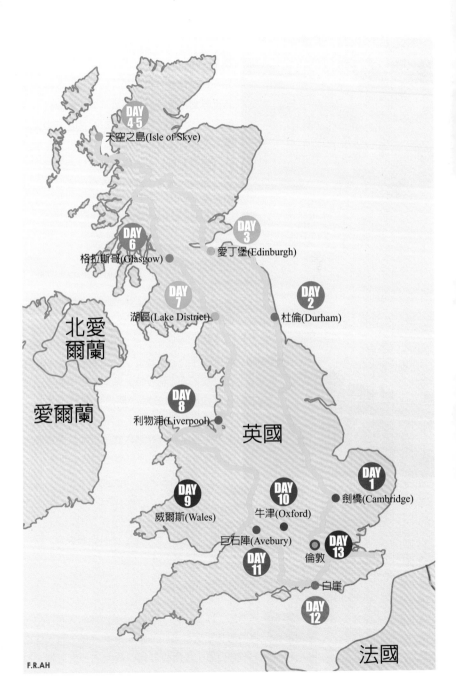

天空之島(Isle of Skye)　DAY 4-5

格拉斯哥(Glasgow)　DAY 6

愛丁堡(Edinburgh)　DAY 3

湖區(Lake District)　DAY 7

杜倫(Durham)　DAY 2

北愛爾蘭

愛爾蘭

利物浦(Liverpool)　DAY 8

英國

威爾斯(Wales)　DAY 9

牛津(Oxford)　DAY 10

劍橋(Cambridge)　DAY 1

巨石陣(Avebury)

倫敦　DAY 13

DAY 11

白崖

DAY 12

法國

F.R.AH

杜倫大教堂

景點導覽

杜倫 Durham

　　以英國第三古老的杜倫大學，與被登錄為世界文化遺產的杜倫大教堂、杜倫城堡而聞名，杜倫大教堂還曾在 BBC 的民調中被票選為英國最受歡迎的建築；另外風靡全世界的《哈利波特》系列電影，部分場景也正是取自這個大教堂，讓杜倫成為英國最熱門的旅遊景點之一。

Data

　　杜倫大教堂
◎ GPS 座標：54.773,-1.576
◎ 網址：www.durhamcathedral.co.uk
◎ 開放時間：周一至周六 09:30-18:00，周日 12:30-17:30
◎ 票價：免費（歡迎捐款）

阿尼克城堡 Alnwick Castle

阿尼克城堡

　　阿尼克城堡建於 1096 年，是英格蘭最具代表性的一座城堡，許多知名電影都曾在此取景，《哈利波特》系列電影中的霍格華茲魔法學校部分場景便出自於此，尤其在《神祕的魔法石》中，胡奇夫人的飛行課程更是將整座城堡完整入鏡，自從這部電影全球熱賣後，也吸引很多觀光客慕名而來。

Data

　　阿尼克城堡
◎ GPS 座標：55.415,-1.706
◎ 網址：www.alnwickcastle.com
◎ 開放時間：3/27 至 11/1 每日 10:00-17:30（每年變動）
◎ 票價：£14.75

天空之島 Isle of Skye

　　赫布里底群島（Hebrides）位於蘇格蘭西邊的大西洋中，整個群島分為內赫布里底群島和外赫布里底群島，而天空之島面積 1,656 平方公里，是所有群島中最大的一座島嶼，也是一座歷史相當悠久的島嶼，尤其以尼斯角（Neist Point）的

梅爾特瀑布（Mealt Falls）

尼斯角

海岸風光、草原與燈塔最負盛名，是一個以自然風光聞名、同時又保留獨特文化與傳統的地方。

Data

相關 GPS 座標
◎ 梅爾特瀑布：57.611, -6.172
◎ 尼斯角燈塔：57.423, -6.788

卡塞里格石圈 Castlerigg Stone Circle

卡塞里格石圈是位於湖區，由 48 個大小不一的石塊排列而成的環形石頭陣，雖不及巨石陣有名，但這裡周圍景色優美且自由開放，從湖區開車進來相當方便。湖區位於英國中部，既名為湖區，實不難想像這裡散布著許多美麗的湖泊，加上這一帶也是海拔平均 1,000 公尺以上的山區，所以開車行駛其間可以感受到其自然的明媚風光，相當舒服。

卡塞里格石圈

Data

卡塞里格石圈
◎ GPS座標：54.603,-3.098
◎ 網址：www.english-heritage.org.uk/visit/places/castlerigg-stone-circle
◎ 開放時間：全天開放
◎ 票價：免費

利物浦國教大教堂

從國教大教堂塔頂遠眺市區與造型獨特的大都會教堂

利物浦 Liverpool

　　利物浦原本只是英國北部的小海港，卻因為海上貿易的興起而漸漸發展為英國工業中心，也因此還保有一些海上貿易的遺跡，這也成為聯合國所登錄的世界遺產名錄中。雖然海上貿易因時代的變遷而逐漸沒落，這個城市取而代之的是觀光業的興旺，其中令無數流行樂迷瘋狂的著名樂團披頭四，就是來自這個城市。此外，位於碼頭附近的利物浦國教大教堂，也是全英國規模最大的教堂，世界排名第五，這教堂有一座101公尺高的塔樓，登頂可將利物浦風光盡收眼底。

Data

國教大教堂
◎ GPS座標：53.398,-2.973
◎ 網址：www.liverpoolcathedral.org.uk
◎ 開放時間：每日 08:00-18:00
◎ 票價：教堂免費，教堂塔頂入場費用£5.5

大都會教堂
◎ GPS座標：53.405,-2.968
◎ 網址：www.liverpoolmetrocathedral.org.uk
◎ 開放時間：平時開放時間為 07:30-18:00，
　冬天周日只開放至 17:00
◎ 票價：免費

利物浦博物館（碼頭）
◎ GPS座標：53.404,-2.995

康威城堡   波馬里斯城堡

愛德華國王的城堡與城牆
Castle and Town Walls of King Edward

　　英國威爾斯圭內德郡（Gwynedd）地區總共有四座愛德華一世的城堡群被登錄為世界遺產，分別為康威（Conwy）、波馬里斯（Beaumaris）、喀納芬（Caernarfon）及哈萊克（Harlech），這些城堡都是十三世紀愛德華一世在位時興建，最大特色就是以城牆包圍整座城市，大多是沿著海岸建造的防禦性城堡，也是英格蘭征服威爾斯的象徵。四座城堡開放時間相同，如下：

3/1 至 6/30	每日	09:30~17:00
7/1 至 8/31		09:30~18:00
9/1 至 10/31		09:30~17:00
11/1 至 2/28	周一至周六	10:00~16:00
	周日	11:00~16:00

Data

康威城堡
◎ GPS 座標：53.280,-3.825
◎ 票價：£6.75

喀納芬城堡
◎ GPS 座標：53.139,-4.277
◎ 票價：£6.75

波馬里斯城堡
◎ GPS 座標：53.264,-4.090
◎ 票價：£5.25

哈萊克城堡
◎ GPS 座標：52.860,-4.109
◎ 票價：£5.25

彭林城堡 Penrhyn Castle

　　位於班戈（Bangor）附近的彭林城堡最早建於十五世紀，當時是私人防禦性莊園，現在的外觀則是在 1822 至 1837 年

彭林城堡的常春藤壁畫

才改建完成，最大的特色在於城堡牆壁是利用常春藤植物，設計成很漂亮的裝飾藝術。此外，彭林城堡還開放內部房間供觀光客參觀，並有一個小型的鐵道博物館與兒童遊樂區，是個非常適合親子同遊、如童話般的夢幻城堡。

 Data

彭林城堡
◎ GPS 座標：53.226,-4.094
◎ 網址：www.nationaltrust.org.uk/penrhyn-castle
◎ 開放時間：園內景點開放時間不一，大致上冬季 12:00-15:00，其他季節 11:00-17:00
◎ 票價：城堡通票 £10.9，花園 £7.75

龐特西斯特高架水橋　Pontcysyllte Aquaduct

　　龐特西斯特高架水橋建於十八世紀左右工業革命時期，是為了快速運送煤礦所開挖的河道，同時為了克服地形限制所架設的水橋，然而隨著礦業的式微，這水道橋已失去原有的功用，如今轉而發展觀光，並成為世界文化遺產。

龐特西斯特高架水橋

水橋外觀

龐特西斯特高架水橋
◎ GPS座標：52.970, -3.088

格洛斯特 Gloucester

格洛斯特的市區不大，從大教堂到市政廳一帶是最佳的徒步區。當地的大教堂也是《哈利波特》系列電影的拍攝地點之一，電影中霍格華茲學院不少場景便取至這裡，也讓這個城市聲名大噪。

格洛斯特大教堂
◎ GPS座標：51.867,-2.246
◎ 網址：www.gloucestercathedral.org.uk
◎ 開放時間：07:30–18:00
◎ 票價：免費（歡迎捐款）

鐵橋谷 Ironbridge gorge

英國是最早經歷工業革命洗禮而成為世界強權的國家，所以境內仍有很多工業革命的遺跡，鐵橋谷就是其中一處。

1986 年被登錄為世界遺產之後,這個景點漸漸打開知名度,她是全世界第一座鐵橋,建於 1779 年,長 30 公尺,跨越塞文(Severn)河。

Data

鐵橋谷
◎ GPS座標:52.628, -2.485
◎ 網址:www.english-heritage.org.uk
◎ 開放時間:全天開放
◎ 票價:免費

布里斯托 Bristol

　　布里斯托位於亞溫(Avon)河口,是個因河港貿易而興起的城市,整個市區的人文景觀也跟亞溫河息息相關,除了可搭船欣賞城市風光以外,布里斯托還有座美麗尖塔的聖瑪麗紅崖教堂,儼然成為這座城市的地標;此外克里夫頓吊橋(Clifton Suspension Bridge)雖位於郊區,但這座橋本身擁有特殊的造形,非常值得開車前往,從橋上也可以展望整個亞溫河風光。

聖瑪麗紅崖教堂

布里斯托一景

克里夫頓吊橋

Data

聖瑪麗紅崖教堂	克里夫頓吊橋
◎ GPS 座標：51.449,-2.589	◎ GPS 座標：51.455,-2.628
◎ 網址：stmaryredcliffe.co.uk	
◎ 開放時間：周一至周六 08:30~17:00， 　國定假日 09:00~16:00	
◎ 票價：免費	

艾夫伯里巨石遺址（外圍）

艾夫伯里巨石遺址（中心）

艾夫伯里巨石遺址 Avebury

　　如果你喜歡索爾斯堡（Salisbury）的巨石陣（Stonehenge），自然也不容錯過同樣登錄為世界遺產的艾夫伯里巨石遺址，艾夫伯里其實有很多處巨石遺跡，開車穿梭其間就可以遇到好幾處，而且就在路旁完全免費參觀。

Data

GPS 座標
◎ 艾夫伯里巨石遺址（外圍）：51.422,-1.847
◎ 艾夫伯里巨石遺址（中心）：51.427,-1.853

布萊頓 Brighton

　　車行至英國南部的海邊城市布萊頓，有座非常顯目且具東方色彩的皇家行宮（The Royal Pavilion），建於 1783 年，外觀有著濃濃的印度風格，在英國實屬罕見。離皇家行宮不遠處即為布萊頓碼頭（Brighten Pier），整個碼頭區雖然不大，但卻因有座延伸至海上的迷你遊樂園，每到下午時分總能吸引人潮來此休憩。

Data

皇家行宮
◎ GPS 座標：50.822,-0.138
◎ 網址：brightonmuseums.org.uk/royalpavilion
◎ 開放時間：10 至 3 月 10:00-17:15，4 至
　9 月 09:30-17:45
◎ 票價：£10.35（線上購票）

皇家行宮

布萊頓碼頭

比奇角，沿著小徑可一路步行到燈塔

Birling Gap 的白崖地形

七姐妹斷崖 Seven Sisters

　　從布萊頓往東沿著海岸行駛就會開始出現白堊岩（Chalk）結構的山壁，這種白色山壁所形成的斷崖地形，以七姐妹斷崖最為壯觀也最為熱門，而在 Birling Gap 也可以欣賞到白崖的地形，雖然不及七姐妹斷崖有名，但好處是不用走太多路就可以輕鬆欣賞到相同地形的景觀；另外在比奇角（Beachy Head）這一帶也有十分壯觀的白崖地形，在草坡、公路與燈塔的襯托下，構建出一幅很美的畫面，尤其走在步道上欣賞這絕妙的白崖地形，直叫人讚賞大自然的鬼斧神工，這個舉世無雙的海岸風光，非常值得漫步其間。

　　英國南部另一段以白堊岩地形聞名的是多佛白崖（White Cliffs of Dover），而多佛也是航行於英法間渡輪的主要搭乘碼頭，由此可前往法國加萊（Calais）。

Data

七姐妹斷崖
◎ 停車場 GPS 座標：50.774, 0.152
◎ 網址：www.sevensisters.org.uk/index.html
◎ 開放時間：全天開放
◎ 費用：免費，但公園內停車費用£2.5
　／2 小時，或£3.5／一天

相關 GPS 座標
◎ 比奇角：50.737, 0.219
◎ Birling Gap：50.742, 0.201
◎ 多佛白崖：51.137, 1.365

坎特伯里大教堂 Canterbury Cathedral

　　坎特伯里大教堂是英國國教的聖地，這座教堂在英國的地位相當崇高。十二世紀時，大法官聖湯馬斯・貝克特（Saint Thomas Becket）跟國王亨利二世關係密切，但 1162 年，亨利二世意圖在教會建立個人勢力，而舉薦貝克特擔任坎特伯里大主教，並試圖收回教會司法權，此舉引發貝克特反對，認為政權不該干涉教權，並請求羅馬教皇干預，觸怒亨利二世。1170 年 12 月 29 日，貝克特在坎特伯里大教堂被亨利二世所支持的四位男爵士刺殺而殉道，羅馬教會因此封他為聖人。

坎特伯里大教堂

　　貝克特過世後出現無數神蹟，坎特伯里大教堂也因此成為基督教徒的朝聖地，並成為之後的英國國教中心。十四世紀喬叟的《坎特伯里故事集》亦以此為背景，主要講述一群前往坎特伯里、不同行業的朝聖者，輪流講故事以排遣旅途辛勞。

　　由於這座教堂於 1067 年與 1174 年遭逢兩次大火，建築幾乎付之一炬，現今的規模大約重建於十二世紀，整個教區包括聖奧古斯丁修道院與聖馬丁教堂，於 1988 年被登錄為世界文化遺產。

坎特伯里教區一景

Data

坎特伯里大教堂
◎ GPS 座標：51.280, 1.082
◎ 網址：www.canterbury-cathedral.org
◎ 開放時間：夏季 09:00~17:30，冬季 09:00~17:00
◎ 票價：£10.5

倫敦國會大廈與大笨鐘

倫敦 London

　　英國首都與第一大城，同時也是歐洲最大的城市，兩千多年前由羅馬人所建立。倫敦近幾百年來一直在世界上具有巨大的影響力，作為十九世紀雄霸一方的大英帝國首都，倫敦在政治、經濟、文化、科技發明等領域上皆有不凡的成就，至今仍是全世界最大的都市之一。

　　倫敦還是世界首屈一指的旅遊勝地，擁有數量眾多的名勝景點與博物館，其中大英博物館（British Museum）更是名列世界三大博物館之首；另外喜歡網球運動的朋友所熟知的大滿貫賽事聖殿、也是四大公開賽之首的溫布敦，就在這個城市舉行，其他倫敦著名的景點還包括國會大廈（Houses of Parliament）、大笨鐘（Big Ben）、倫敦鐵橋（Tower Bridge）、倫敦之眼（The London Eye）等，都是這個城市重要的觀光資源。

聖保羅大教堂

倫敦塔橋，過去會開橋以供船隻通過，但現在開橋次數已大大減少

大笨鐘
◎ GPS 座標：51.500,-0.124
◎ 網址：www.parliament.uk
◎ 導遊時間：每年不固定，可至官網查詢
◎ 票價：語音導覽費£18，可於線上預約；中文專人導覽費用£25

倫敦塔橋
◎ GPS 座標：51.505,-0.075
◎ 開放時間：全天開放
◎ 票價：免費

大英博物館
◎ GPS 座標：51.520,-0.127
◎ 網址：www.britishmuseum.org
◎ 開放時間：每日 10:00-17:30，周五延長至 20:30
◎ 票價：免費（自由捐獻）

聖保羅大教堂
◎ GPS 座標：51.514,-0.098
◎ 網址：www.stpauls.co.uk
◎ 開放時間：周一至周六 08:30-16:30
◎ 票價：£18

西敏寺
◎ GPS 座標：51.499,-0.127
◎ 網址：www.westminster-abbey.org
◎ 開放時間：周一至周五 09:30-15:30，周三延長至 18:00，周六 09:30-13:30
◎ 票價：£20

西敏寺

路線三：
愛爾蘭與北愛爾蘭

　　愛爾蘭與北愛爾蘭因為不在歐洲大陸上，所以只能特地專程前往，其中名列世界自然遺產的巨人堤道（Giant's Causeway）自然是不能錯過的重點行程。其實愛爾蘭的海岸風光非常迷人，這裡也一直是健行愛好者的天堂，尤其喜歡斷崖與海灣的朋友，這個地方絕對不會讓你失望的。

開車小叮嚀

　　愛爾蘭使用歐元，公路速限單位是公里；但北愛爾蘭仍隸屬英國，使用貨幣是英鎊，公路速限單位則是英哩，這大概是這兩個地區在開車時最大的差異。另外愛爾蘭因為與北愛爾蘭國土相連，所以這兩個地區在行車與道路系統方面倒是統一為右駕左行，所以如果你已經有在英國或紐西蘭等其他右駕國家開車上路的經驗了，來到這裡旅行更會覺得是一種享受，不信的話就跟著我們一起上路看看吧！

景點導覽

紐格萊奇墓　Newgrange

　　位於愛爾蘭首都「都柏林」北方約 40 公里的車程，是博因（Brú）河河曲（河彎）地區的一座通道式墳墓，為愛爾蘭最著名的史前墳墓，和整個博因河河曲考古遺址（Brú na Bóinne）列為世界文化遺產，是愛爾蘭三個世界文化遺產中

巨人堤防
(Giant's Causeway)

北愛爾蘭

史利佛‧里格
(Slieve League)

貝爾法斯特(Belfast)

紐格萊奇墓
(Newgrange)

都柏林

科尼馬拉國家公園
(Connemara National Park)

愛爾蘭

摩哈斷崖(Cliffs of Moher)

基拉尼
(Killarney)

科克(Cork)

F.R.AH

紐格萊奇墓

紐格萊奇墓

紐格萊奇墓遊客中心

其中一個,若要參觀紐格萊奇墓,可以前往遊客中心參加導覽團。

Data

紐格萊奇墓
◎ GPS 座標:遊客中心 53.695,-6.447
◎ 網址:www.newgrange.com
◎ 開放時間:2 至 4 月 09:30-17:30,5 月 09:30-18:30,6 至 9 月中 09:00-19:00,9 月中至 9 月底 09:00-18:30,10 月 09:30-17:30,11 至 1 月 09:00-17:00
◎ 票價:遊客中心€3,遊客中心與紐格萊奇墓€6
◎ 交通:前往遊客中心可沿 E01 / M1,朝 Donore 方向行駛

貝爾法斯特 Belfast

位於愛爾蘭島東北沿海的拉根(Lagan)河口,也就是在貝爾法斯特灣的西南部,是北愛爾蘭的最大海港,始建於 1888 年,自 1920 年起成為北愛爾蘭的首府,目前是該地區政治、文化中心和最大的工業城市。

貝爾法斯特聖派翠克教堂(Saint Patrick's Church)

貝爾法斯特市政廳（City Hall）　　　　　貝爾法斯特聖安大教堂（St. Anne's Cathedral）

Data

貝爾法斯特市政廳
◎ GPS 座標：54.596,-5.930
◎ 網址：www.belfastcity.gov.uk/tourism-venues/cityhall
◎ 開放時間：周一至周五 08:30-17:00，周六周日 10:00-16:00
◎ 導覽時間：周一至周五 10:00、11:00、14:00、15:00、16:00，周六周日 12:00、14:00、15:00、16:00
◎ 票價：免費

聖派翠克教堂
◎ GPS 座標：54.605,-5.931
◎ 網址：www.saintpatricksbelfast.org.uk
◎ 開放時間：每日皆有彌撒時段（詳見網址公告），可於彌撒時段以外入內參觀
◎ 票價：免費

聖安大教堂
◎ GPS 座標：54.603,-5.928
◎ 網址：www.belfastcathedral.org
◎ 開放時間：周一至周六 09:00-17:15，周日 13:00-15:00
◎ 票價：£5

凱利克里亞德吊橋 Carrick-a-Rede Rope Bridge

　　愛爾蘭語 Carraig a' Ráid 的意思就是釣魚的岩石，而這座海上的岩石小島與愛爾蘭本島間以一座繩索橋連接，全長 18 公尺，寬度更是只有 1 公尺，橋下盡是懸崖峭壁，走在上面可以説是相當驚險刺激，但整條步道沿路風光明媚，仍是愛爾蘭境內最著名的健行步道之一。

Data

凱利克里亞德吊橋
◎ GPS 座標：55.239,-6.348
◎ 網址：www.nationaltrust.org.uk/carrick-a-rede
◎ 開放時間：夏季 09:30-19:00，春、秋 09:30-18:00，冬季 09:30-15:30
◎ 票價：£5.9

凱利克里亞德吊橋沿路風光

凱利克里亞德吊橋

巨人堤道一景

柱狀玄武岩

巨人堤道 Giant's Causeway

巨人堤道是有如澎湖一樣的柱狀玄武岩地形，只是更為壯觀震撼，而這些柱狀玄武岩在經過萬年風化崩解後，就形成如蜂窩狀的特殊奇景，成為北愛爾蘭舉世聞名的海岸景觀，因而被登錄為世界自然遺產。

Data

巨人堤道
◎ GPS 座標：停車場 55.233,-6.518
◎ 網址：www.nationaltrust.org.uk/giants-causeway
◎ 開放時間：（遊客中心）夏季 09:00-19:00，春、秋 09:00-18:00，冬季 09:00-17:00
◎ 票價：£9
◎ 交通：從遊客中心步行約 10 分鐘即可抵達，也可以搭乘園區的循環巴士前往

丹露斯城堡 Dunluce Castle

美國影集、HBO 大戲《權力遊戲》（Game of Thrones）取景地點之一，離巨人堤道西方約 7 公里的車程，整座城堡位於高 30 公尺的斷崖上，搭配美麗的海岸風光非常令人賞心悅目，城堡下方另有步道通往逃難洞窟。

Data

> 丹露斯城堡
> ◎ GPS 座標：55.211,-6.579
> ◎ 網址：www.northantrim.com/dunlucecastle.htm
> ◎ 開放時間：3 至 9 月 10:00-18:00，11 至 2 月 10:00-16:00（開放時間每年會有變動）
> ◎ 票價：£5

丹露斯城堡

倫敦德利 Londonderry

倫敦德利整個舊城區由城牆圍繞，也是愛爾蘭唯一的城寨型城市，現今的城牆雖然失去原有的功能，但卻成為這個城市居民重要的休憩場所。沿著城牆而建的聖哥倫布大教堂（Saint Columb's Cathedral）剛好位於小山丘上，是整個城市最壯觀的地標建築。

Data

> 聖哥倫布大教堂
> ◎ GPS 座標：54.994,-7.323
> ◎ 網址：www.stcolumbscathedral.org
> ◎ 開放時間：每日皆有彌撒時段（詳見網址公告），可於彌撒時段以外入內參觀
> ◎ 票價：免費

城牆一景

聖哥倫布大教堂

史利佛‧里格斷崖與雲瀑

史利佛‧里格 Slieve League

　　高 600 公尺，號稱是全愛爾蘭最高的斷崖，欣賞這壯麗斷崖的最佳地點非班格拉斯（Bunglass）莫屬，所以也有班格拉斯斷崖之稱（Cliffs of Bunglass），從這裡可以將整個斷崖與美麗的海岸線盡收眼底。此外，從班格拉斯到德尼哥爾（Donegal）這段公路沿途有不少頗具特色的景點，是當地相當著名的景觀公路，若有時間可以細細探索。

Data

> 史利佛‧里格
> ◎ 觀看斷崖最佳 GPS 座標：54.627,-8.684
> ◎ 交通：先從 L1125 或 R263 到卡里克（Carrick），再依指標前往班格拉斯

凱魯摩亞修道院 Kylemore Abbey

凱魯摩亞修道院

　　愛爾蘭的科尼馬拉國家公園（Connemara National Park）是一個以自然景觀為主的國家公園，在這裡可以看到森林、湖泊、海岸與山丘等不同的自然景觀，此外，離遊客中心東方 5 公里處還有一座凱魯摩亞修道院，以哥德式建築風格聞名，建於 1868 年，曾於 1959 年遭受火災而損毀，如今已修復完成並對外開放。

Data

> 凱魯摩亞修道院
> ◎ GPS 座標：53.561,-9.889
> ◎ 網址：www.kylemoreabbeytourism.ie
> ◎ 開放時間：每日 09:00~19:00
> ◎ 票價：€ 13
> ◎ 交通：從偉斯特波特（Westport）走 N59 往南，就可以抵達凱魯摩亞修道院與科尼馬拉國家公園

摩哈斷崖 Cliffs of Moher

　　位於愛爾蘭島西部，離都柏林只有 270 公里的路程，這裡擁有長達 8 公里、高度超過 200 公尺的斷崖，再加上海岸風光壯麗明媚，向來是愛爾蘭最熱門的觀光景點之一。遊客中心延伸出去的崖邊步道正是欣賞斷崖的最佳選擇；從遊客

中心往北大約步行 1 公里即可到達歐布萊恩塔（O'Brien's Tower），登上塔頂的瞭望臺往西可以遠眺阿蘭群島（Aran Islands）以及沿岸風光，天氣好時連附近的群山都可以一覽無遺。

摩哈斷崖

巨人石桌 Poulnabrone Doimen

愛爾蘭巴倫比區（The Burren）有許多巨石墳墓，其中又以巨人石桌最為有名，據推測巨人石桌是西元前 3200 至 3800 年之遺物，歷史可說相當悠久，也同樣是史前文化的代表，雖然不像英國的巨石陣有名，但由於巨人石桌就位在愛爾蘭最熱門景點之一「摩哈斷崖」的路上，路過這裡可以順便進來參觀。

巨人石桌

科克 Cork

愛爾蘭第二大城，僅次於都柏林，也是愛國南部最大的城市，由於位於里（Lee）河出海口附近，所以有發達的運河交通，可以說是以河運而發展的城市，市區內的聖安教堂、聖菲伯大教堂（St. Fin Barre's Cathedral）、市政廳與英國市場都是有名的景點。

科克哥德式的聖菲伯大教堂

科維 Cobh

　　科維因為是鐵達尼號沉船前最後停靠的港口而聲名大噪，該城市甚至有個「鐵達尼號足跡」（The Titanic Trail）的導覽，可以一探與鐵達尼號相關的景物。此外，位於山丘頂的科爾曼大教堂（St. Colman's Cathedral）有著愛爾蘭境內最大的組鐘，也是該國最高的建築物，尤其在碼頭區往山丘望去更是宏偉壯觀。

郵輪停靠旁即為鐵達尼號足跡

碼頭一帶與柯爾曼大教堂

Data

鐵達尼號足跡
◎ GPS座標：51.850,-8.295
◎ 網址：www.titanic.ie
◎ 票價：免費
◎ 注意：這個景點即位於碼頭附近

科爾曼大教堂
◎ GPS座標：51.852,-8.293
◎ 網址：www.cobhcathedralparish.ie
◎ 開放時間：每日皆有彌撒時段（詳見網址公告），可於彌撒時段以外入內參觀
◎ 票價：免費

基爾凱尼 Kelkenny

　　市區雖小，但幾個重要景點相當分散，所以不妨利用半天的時間好好欣賞。整個城市又以基爾凱尼城堡最為有名，除了城堡主體外，前有大草坪，後有花園，可以算是頗具規模，所以也是這個城市重要的休憩場所，不少人直接在城堡前的草地上席地而坐，並享受野餐的樂趣，甚至恣意地躺在草地上晒晒太陽，擁抱這片刻悠閒。

　　這個城市的主要景點與建築大多與基爾凱尼城堡採用同色系石材，其中又以聖卡尼

基爾凱尼主要街道「高街」（High Street）一景

斯大教堂（St. Canice's Cathedral）最為有名；此外，黑色修道院（Black Abbey）、聖瑪莉教堂（St. Marry's Cathedral）等，也都是著名的重要景點。

基爾凱尼城堡

聖瑪莉大教堂

黑色修道院

聖卡尼斯教堂

Data

基爾凱尼城堡
◎ GPS 座標：52.650,-7.249
◎ 網址：www.kilkennycastle.ie
◎ 開放時間：10 至 2 月 09:30-16:30，3 月 09:30-17:30，4 至 5 月 09:30-17:30，6 至 8 月 09:00-17:30，9 月 09:30-17:30
◎ 票價：€ 7

聖瑪莉大教堂
◎ GPS 座標：52.652,-7.257
◎ 網址：stmaryscathedral.ie
◎ 開放時間：每日皆有彌撒時段（詳見網址公告），可於彌撒時段以外入內參觀
◎ 票價：免費

黑色修道院
◎ GPS 座標：52.654,-7.258
◎ 網址：blackabbey.ie
◎ 開放時間：每日皆有彌撒時段（詳見網址公告），可於彌撒時段以外入內參觀
◎ 票價：免費

聖卡尼斯教堂
◎ GPS 座標：52.657,-7.257
◎ 網址：www.stcanicescathedral.ie
◎ 開放時間：4 至 5 月、9 月 周一至周六 10:00-13:00、14:00-17:00，周日 14:00-17:00；6 至 8 月 周一至周六 09:00-18:00，周日 13:00-18:00；10 至 3 月 周一至周六 10:00-13:00、14:00-16:00，周日 14:00-16:00
◎ 票價：大教堂€ 4、圓塔€ 3，合購€ 6

路線四：
西班牙與葡萄牙

　　當初在規劃西班牙與葡萄牙這兩個國家時，是先把想去的地方圈起來，如馬德里、巴塞隆納、里斯本、庇里牛斯山與安道爾等，由於庇里牛斯山盤踞在西、法邊境，所以行程主要為西班牙北部，至於塞維亞、格瑞納達等瓦倫西亞以南的地區，只好下次再來了。

　　馬德里與巴塞隆納是西班牙重要的觀光城市與門戶，很多人會選擇由馬德里入境再由巴塞隆納出境，但就租車旅遊來說，這樣安排有可能會被收取異地還車費用，所以建議行程規劃上盡量回到原點，可避免一些不必要的困擾。

　　原本以為在歐洲看過無數教堂與建築之後，這次的行程或許不容易激起新的火花，不料西班牙的建築大開大合，同時又加入新的元素，開創全新格局，令人打從心底讚嘆不已！其實，西班牙的世界遺產數量高居全球第三位，真的可以多花點時間細細品嘗。

開車小叮嚀

　　西班牙道路系統修建得相當不錯，即使不走高速公路，這個國家也有很多免收費的快速道路系統；反倒是葡萄牙城市與鄉村之間的聯絡道路相對差了一些，所以開起來會比較辛苦。順道一提，我一直覺得這裡的人比較喜歡在別人的車子塗鴉，在這裡租車最好要記得保險！

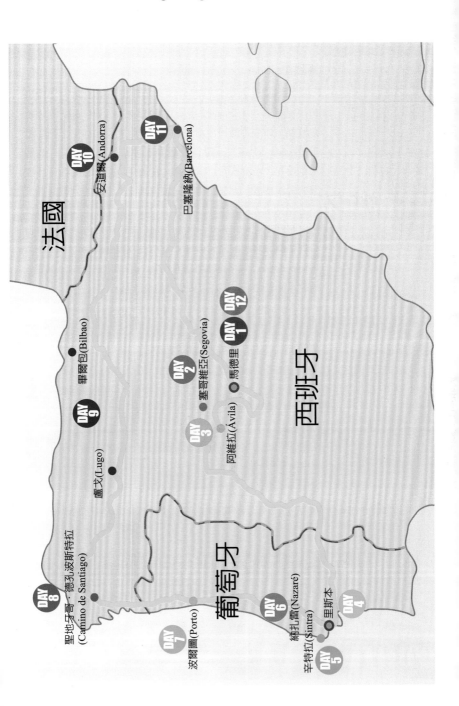

法國

西班牙

葡萄牙

DAY 10　安道爾(Andorra)

DAY 11　巴塞隆納(Barcelona)

DAY 12　馬德里

DAY 1　馬德里

DAY 2　塞哥維亞(Segovia)

DAY 3　阿維拉(Ávila)

DAY 9　畢爾包(Bilbao)

盧戈(Lugo)

DAY 8　聖地牙哥・德孔波斯特拉
(Camino de Santiago)

波爾圖(Porto)

DAY 7

DAY 6　納扎雷(Nazaré)

辛特拉(Sintra)

DAY 4　里斯本

DAY 5

景點導覽

馬德里 Madrid

　　馬德里是西班牙首都，1561 年西班牙國王腓力二世將首都從托雷多（Toledo）遷到馬德里後，整個市區便開始迅速發展，如今是西班牙第一大城與政經中心，從王宮到太陽門（Puerta del sol）一帶是整個城市發跡的地區，同時也是精華所在，十分適合步行前往，在此可以細細領略西班牙建築的藝術成就，尤其馬德里王宮與兵器廣場前的大教堂更是不容錯過，是整個城市最熱門的景點。馬德里市區規劃良好，整體市容綠化得令人十分舒服，市區主要幹道交會處設有許多具有特色的圓環廣場，其中又以獨立廣場（Plaza de la Independencia）與希比雷斯廣場（Plaza de Cibeles）最令人驚豔，離開馬德里之前，不妨以車代步前住欣賞。

馬德里王宮旁的主教座堂

馬德里王宮

於 1619 年完工的馬德里大廣場（Plaza Mayor）

希比雷斯廣場一景

馬德里王宮
◎ GPS 座標：40.418,-3.714
◎ 網址：www.patrimonionacional.es
◎ 開放時間：4 至 9 月每日 10:00-20:00，10 至 3 月每日 10:00-18:00
◎ 票價：€ 10，導覽服務€ 4

相關 GPS 座標
◎ 馬德里大廣場：40.416,-3.707
◎ 太陽門：40.417,-3.703
◎ 獨立廣場：40.420,-3.688
◎ 希比雷斯廣場：40.419,-3.692

阿蘭惠斯 Aranjuez

　　阿蘭惠斯王宮位於馬德里南方 42 公里處，是昔日王室離宮，整個王宮始建於十六世紀，直到十八世紀中期才修建完成，並於 2001 年登錄為世界文化遺產。這座宮殿與花園目前已開放參觀，裡面展示豪華的內部裝飾與許多珍貴的藝術作品。

阿蘭惠斯王宮

阿蘭惠斯王宮
◎ GPS 座標：40.037,-3.609
◎ 網址：www.patrimonionacional.es
◎ 開放時間：4 至 9 月 10:00-20:00，10 至 3 月 10:00-18:00。公休周一
◎ 票價：€ 9，導覽服務€ 4

托雷多 Teledo

　　在 1561 年遷都到馬德里之前，這個由塔霍（Tajo）河三面環繞、易守難攻，融合天主教、伊斯蘭教與猶太教三種文化的城市，一直是西班牙首都。大教堂與市政廳剛好就位在舊城區的中央，是整個城市最受歡迎的地方，城區東方的阿爾卡薩宮（Alcázar）則是一座具有防禦作用的要塞城堡，這兩大壯觀的建築也成為托雷多的地標，整個舊城區於 1986 年登錄為世界文化遺產。

西班牙托雷多大教堂

阿爾卡薩宮

托雷多
◎ GPS 座標：39.862,-4.027
◎ 交通：前往舊城區最好將車子停在城區外
　　圍後步行前往

大教堂
◎ 網址：www.catedralprimada.es
◎ 開放時間：周一至周六 10:00-18:30，周日
　　與國定假日 14:00-18:30
◎ 票價：€ 11

阿爾卡薩宮
◎ GPS 座標：39.858,-4.020
◎ 開放時間：周四至周二 11:00-17:00，周日
　　11:00-15:00。公休周三
◎ 票價：€ 5

埃斯科里亞爾 El Escorial

　　一個非常可愛的小鎮，由於位於西班牙中央山脈（Sistema Central）腳下，所以環境清幽，這個地方也因為一座被登錄為世界文化遺產的埃斯科里亞爾修道院（Royal Seat of San Lorenzo de El Escorial）而得名。修道院是為慶祝 1557 年的西法戰役中大敗法軍而建，於 1584 年完工。

埃斯科里亞爾修道院
◎ GPS 座標：40.589,-4.147
◎ 網址：www.monasteriodelescorial.com
◎ 開放時間：4 至 9 月 10:00-20:00，10 至
　　3 月 10:00-18:00。公休周一
◎ 票價：€ 10，導覽服務€ 4 €

埃斯科里亞爾修道院

埃斯科里亞爾修道院

塞哥維亞的水道橋   塞哥維亞的水道橋

塞哥維亞 Segovia

　　塞哥維亞水道橋建於西元一世紀，全長 728 公尺，總共有 167 個拱門，最高的地方為 29 公尺，其水源是從塞哥維亞南方約 15 公里處的亞塞貝達（Acebeda）河引進，就當時來說工程浩大，整個水道橋造型優美壯觀，也是目前西班牙保持最好的羅馬時代古蹟，在 1985 年連同舊城區一起登錄為世界文化遺產。

> **Data**
> 塞哥維亞水道橋
> ◎ GPS 座標：40.948,-4.117

瓜達盧佩 Guadalupe

　　位於西班牙中西部山區，位置略顯偏僻，不過因為一座興建於十四世紀的瓜達盧佩皇家修道院而聞名（Royal Monastery of Santa María de Guadalupe），裡面有很多精美的藝術與雕刻，1993 年登錄為世界文化遺產。

> **Data**
> 瓜達盧佩皇家修道院
> ◎ GPS 座標：39.453,-5.327
> ◎ 網址：monasterioguadalupe.com
> ◎ 開放時間：09:30-13:00、15:30-19:00
> ◎ 票價：€5

瓜達盧佩皇家修道院

里斯本 Lisboa

　　葡萄牙首都與最大城，位於葡萄牙中南部的特茹（或稱太加斯或塔霍）河出海口，整個城市在西元前 205 年羅馬

貝倫塔　　　　　　　　　　　發現者紀念碑旁的碼頭

人統治時代便頗具規模，歷史十分悠久。跨越特茹河的是 4
月 25 日橋（Ponte 25 de Abril），連接里斯本與南方阿爾馬達
（Almada），橋全長 2,277 公尺，主要紀念 1974 年 4 月 25 日
葡萄牙推翻極右政權，開始實施民主化的革命；橋另一端的
山丘上還有一座耶穌像。

　　1256 年起，里斯本正式成為葡萄牙的首都，從此發展成
歐洲重要的港口與貿易城市。地理大發現時代很多航海家都
是由里斯本出發到世界各地探險，如知名航海家哥倫布，此
後葡萄牙更成為重要的殖民帝國之一。里斯本因為整個舊城
區大多建在七座山丘之上，故有「七丘之城」（The City of
Seven Hills）的稱號。市區觀光景點主要集中在里斯本主教座
堂一帶，而熱羅尼莫斯修道院（Mosteiro dos Jerónimos）與貝
倫塔（Belém Tower）共同登錄為世界文化遺產。貝倫塔是一
座 5 層樓的防禦建築，用來紀念達伽馬（Vasco da Gama）成
功航海世界一周而建，同時具備防禦城市港口與保護熱羅尼
莫斯修道院的功能。

 Data

里斯本
◎ 交通：前往里斯本可走 E90 或者直接走 4 月 25 日大橋（E1/IP7）。
　若要前往聖若熱城堡一覽七丘之城的風光，建議將車子停在主教座
　堂附近再步行前往

聖若熱城堡
◎ 網址：castelodesaojorge.pt
◎ 開放時間：11/1 至 2/28 09:00-18:00，3/1 至 10/31 09:00-21:00
◎ 票價：€ 8.5

里斯本英葛拉西亞教堂（Santa Engrácia），目前改建為國家紀念館（National Pantheon）

夕陽下的世界文化遺產：熱羅尼莫斯修道院

聖若熱城堡（Castelo de Sao Jorge）可以居高遠眺里斯本

4 月 25 日橋

4 月 25 日橋

Data

英葛拉西亞教堂
◎ GPS 座標：38.715,-9.124
◎ 開放時間：10:00-17:00。公休周一
◎ 票價：免費

主教座堂
◎ GPS 座標：38.710,-9.133

熱羅尼莫斯修道院
◎ GPS 座標：38.698,-9.206
◎ 網址：www.mosteirojeronimos.pt
◎ 開放時間：10 至 5 月 10:00-17:30，5 至 9 月 10:00-18:30。公休周一
　　與特定日期
◎ 票價：€ 10，與貝倫塔合購€ 12

貝倫塔
◎ GPS 座標：38.692,-9.216
◎ 網址：www.torrebelem.pt
◎ 開放時間：10 至 5 月 10:00-17:30，6 至 9 月 10:00-18:30。公休周一
　　與特定日期
◎ 票價：€ 6，與熱羅尼莫斯修道院合購€ 12

發現者紀念碑
◎ GPS 座標：38.694,-9.205
◎ 交通：就在熱羅尼莫斯修道院對院，可免費參觀

羅卡角

羅卡角的海岸線與燈塔

羅卡角 Cabo da Roca

　　離里斯本市區約 40 公里車程，這裡是歐亞大陸的極西點，以美麗的海岸線與燈塔著稱，若有計畫前往世界文化遺產辛特拉（Sintra），可順便前往欣賞；辛特拉與羅卡角約 15 公里車程，以城堡與皇家莊園聞名。

Data

羅卡角
◎ GPS 座標：38.781,-9.498

納扎雷　Nazaré

葡萄牙中部小漁村，整體建築以白色系為主，同時搭配紅色屋瓦，似乎與打在沙灘上的白色浪花相呼應，雪白而潔淨，站在堤岸邊望去十分迷人。

納扎雷漁港海堤
◎ GPS 座標：39.591,-9.075

納扎雷海灘

阿爾科巴薩　Alcobaça

　　從納扎雷往東南方行駛約 15 公里即可以來到阿爾科巴薩，這個地方最有名的就是阿爾科巴薩修道院（Mosteiro de Santa Maria de Alcobaça），1153 年由葡萄牙第一位國王阿方索一世創建，此後這座修道院在整個葡萄牙歷史中就一直與王室有著極深淵源，許多成員都安葬於此，在室內甚至可以看到雕刻十分精美的棺墓。這裡也是葡萄牙保存最好的中世紀修道院之一，因其藝術和歷史的重要性而於 1989 年列入世界文化遺產。

阿爾科巴薩修道院

　　阿爾科巴薩有著迷人的小鎮風光，小鎮以北約 20 公里處的巴塔利亞（Batalha）還有另外一座世界文化遺產，連同美麗的海邊小鎮納扎雷是可以順道一遊的景點。

阿爾科巴薩修道院
◎ GPS 座標：39.548,-8.979
◎ 開放時間：10 至 3 月 09:00-17:00，4 至 9 月 09:00-19:00。特定日期不開放
◎ 票價：€ 6

巴塔利亞　Batalha

　　位於葡萄牙中部，距離阿爾科巴薩東北約 20 公里的小鎮，鎮上最有名的景點，是為了慶祝 1385 年阿尤巴拉塔戰役（Battle of Aljubarrota）獲勝而建立的巴塔利亞修道院（Batalha Monastery），在風格上有著晚期哥德式建築的特色並加入當地色彩，這座修道院於 1983 年登錄為世界文化遺產。

巴塔利亞修道院

 Data

巴塔利亞修道院
◎ GPS 座標：39.659,-8.825
◎ 網址：www.mosteirobatalha.pt/pt/index.php
◎ 開放時間：10 至 3 月 09:00-17:30，4 至 9 月 09:00-18:30。特定日期不開放
◎ 票價：€ 6

法蒂瑪的聖母朝聖地教堂（Santuário de Fátima）

法蒂瑪 Fatima

　　法蒂瑪位於葡萄牙中部、距離里斯本以北約 123 公里處，這個地方最為人熟知的是聖母瑪利亞於 1917 年 5 月 13 日首次在這裡對當地的三名牧童顯靈，且接下來的每月 13 日陸續有多人共同見證瑪利亞的再次顯靈，最後一次顯靈則是在 10 月 13 日，甚至吸引上萬人到場共同見證，在當時引起極大轟動，從此法蒂瑪就成為天主教徒著名的朝聖地，每年 5 月到 10 月的 13 日都會吸引大批信徒前往，據統計一年前來朝聖的信徒高達 400 萬人，所以在這裡可以明顯感受到相當濃厚的宗教氣息。

 Data

聖母朝聖地
◎ GPS 座標：39.632,-8.673
◎ 網址：www.santuario-fatima.pt/portal

波爾圖的證券交易所宮（Palácio da Bolsa）

路易一世橋（Luis I Bridge）與多羅河

多羅河沿岸風光

波爾圖市政廳（Câmara Municipal do Porto）

波爾圖 Porto

　　位於葡萄牙北部的波爾圖是該國第二大城市和第一大港，也是北部行政、經濟與文化中心，城市沿多羅（Douro）河沿岸發展，整個舊城區位於山丘之上，從多羅河南岸往舊城區望去，即可以強烈感受到這是一個十分美麗的城市，1996 年整個舊城區登錄為世界文化遺產。

Data

證券交易所宮
◎ GPS 座標：41.141,-8.615
◎ 網址：www.palaciodabolsa.com
◎ 開放時間：4 至 10 月每日 09:00-18:30，11 至 3 月每日 09:00-12:30、14:00-17:30
◎ 票價：€ 7.5

Data

路易一世橋
◎ GPS 座標：41.140,-8.609

市政廳
◎ GPS 座標：41.150,-8.611
◎ 網址：www.cm-porto.pt
◎ 票價：免費

聖母教堂（Igreja da Nossa Senhora das Carmelitas Igreja do Carmo）
◎ GPS 座標：41.147,-8.616
◎ 開放時間：07:30–19:00
◎ 票價：免費

聖地牙哥朝聖之路 Camino de Santiago

從葡萄牙北邊越過邊境不久就可以來到西班牙的聖地牙哥‧德孔波斯特拉（Santiago de Compostela），相傳耶穌十二門徒之一的雅各即安葬於這個教堂的地下室祭壇中，也因此成為天主教的朝聖地之一，自中世紀以後，前來此地的朝聖者絡繹不絕，乃至形成從法國出發、途中必須穿越庇里牛斯山的朝聖之路，或稱之為聖雅各之路。1985 年聯合國將聖地牙哥的舊城區登錄為世界文化遺產，1993 又將聖地牙哥朝聖之路也列為世界遺產，這也是目前僅有三條與「道路」有關的世界遺產之一。

聖地牙哥朝聖護照與印章

看著朝聖之路上的信徒，忽然想起當年在印度赤熱的大地上展開佛陀八大聖地的朝聖，那是一段相當辛苦但卻滿懷喜悅感動的日子；如今還有另一群朝聖者從法國出發，徒步穿越庇里牛斯山前往西班牙聖地牙哥，這 800 多公里的辛苦長征，讓我對這群人打從心底感動讚嘆。世人對道的真誠追求，原來是一首最美的詩歌……。

朝聖之路的終點大教堂是一座非常壯觀的建築，始建於1748 年，經過不斷整修後才有現今規模。這座大教堂的四面

Data

聖地牙哥‧德孔波斯特拉大教堂
◎ GPS 座標：42.881,-8.544
◎ 網址：www.catedraldesantiago.es
◎ 開放時間：每日 07:00–20:30
◎ 票價：大教堂免費，博物館€ 6
◎ 注意：整個教區是徒步區，最好先到舊城區外圍找停車位後再步行前往

聖地牙哥‧德孔波斯特拉的歐布拉度羅廣場（Praza do Obradoiro）

主教座堂旁的派拉特里亞斯廣場（Praza de Praterias）

朝聖之路的貝殼路標

路上的朝聖者

分別是三個風格迥異的廣場，可以同時欣賞到不同的建築藝術，值得花點時間慢慢參觀欣賞。

Info

關於朝聖之路……

朝聖之路有好幾條路線，其中需翻越庇里牛斯山的「北方之路」是最多人選擇的一段，朝聖者可以從法國的 Saint-Jean-Pied-de-Port 出發，一路步行至西班牙聖地牙哥，沿途中設有許多據點，皆有朝聖印章可蓋在朝聖護照上，只要收集這些印章、並且證明是以步行、騎馬或自行車的方式遊覽聖地牙哥之路的部分路線，即可在聖地牙哥取得「孔波斯特拉」朝聖證書。

• 步行或騎馬最少 100 公里，騎自行車最少 200 公里，詳細朝聖路線可參考以下網站：caminodesantiago.lavozdegalicia.com
• 朝聖者必須在出發地取得朝聖護照，一路蓋到聖地牙哥才算合格，基本上在朝聖之路的旅館也可以買到朝聖護照，凡持有朝聖護照者可以在特定旅館取得實惠住宿價格，有些旅館甚至提供免費住宿。
• 貝殼是聖地牙哥朝聖之路的標誌，途中隨處可見，大部分朝聖者身上也都會戴著白色貝殼以示身分，沿途也可以買到貝殼水壺。
• 朝聖證書自 1985 年開始頒發，當年僅有 690 人取得。之後取得人數逐年增加，近幾年已數次超過 20 萬人，尤其遇到「聖年」（the Holy Years，每 25 年一次，最近一次在 2000 年）時，朝聖活動更會引起風潮。

阿科魯尼亞 A Coruna

　　阿科魯尼亞的世界文化遺產「海克力斯燈塔」（Torre de Hercules），位於市區北邊的海角上，此燈塔興建於二世紀，塔高 56.8 公尺，是世界上現存唯一一座仍在使用的古羅馬燈塔，也是當今世界最古老的燈塔。

> **Data**
> 海克力斯燈塔
> ◎ GPS 座標：43.386,-8.406
> ◎ 網址：www.torredeherculesacoruna.com

海克力斯燈塔

盧戈的羅馬城牆

羅馬城牆外觀

盧戈 Lugo

　　盧戈古城有世界上保存最完整的古羅馬城牆（Muralla romana de Lugo），建於三世紀，全長 2,266 公尺，平均高度約 11 公尺，寬約 4.2 公尺，整個城牆有 10 座城門，從城內有階梯可登上城牆，可循著城牆繞城一圈，已於 2000 年登錄為世界文化遺產。

> **Data**
> 盧戈
> ◎ GPS 座標：43.012,-7.557
> ◎ 注意：車子可停在舊城內的公設停車場裡

阿斯托加 Astorga

　　聖地牙哥朝聖之路的其中一站，市區最有名的景點就是阿斯托加主教宮（Palacio Episcopal de Astorga），原本由西班

阿斯托加主教宮

阿斯托加主教座堂

阿斯托加的朝聖者

牙鬼才建築師安東尼‧高第（Antoni Gaudí）設計，興建於
1889 年，不過在 1893 年高第與內部理念不同而辭職，整個
工程因而耽擱了十餘年，直到 1915 年才完工，但整體建築仍
然呈現濃厚的高第風格。主教宮旁的主教座堂是阿斯托加最
壯觀的建築，總是湧入眾多朝聖者，他們會在參觀教堂之餘，
在此取得阿斯托加朝聖印章。

Data

主教宮
◎ GPS座標：42.458,-6.056
◎ 網址：www.palaciodegaudi.es
◎ 開放時間：周二至周六 10:00-14:00、16:00-20:00，周日與國定假日 10:00-14:00。公休周一
◎ 票價：€ 2.5

主教座堂
◎ GPS座標：42.458,-6.057
◎ 網址：www.diocesisastorga.es
◎ 開放時間：夏季 09:00-14:00、16:00-20:00，冬季 09:30-12:00、16:30-18:00
◎ 票價：免費

布爾戈斯主教座堂

布爾戈斯 Burgos

　　從阿斯托加到雷昂（León）再到布爾戈斯，沿途都可以看到朝聖者絡繹於途，布爾戈斯主教座堂（Catedral de Burgos）也是朝聖之路的其中一站，這是一棟非常壯麗的哥德式教堂。整個教堂始建於 1221 年，不過後續的工程斷斷續續長達 200 年之久，直到 1567 年才正式完工。受到法國哥德式建築風格的影響，也是西班牙三大哥德式教堂之一，1984 年登錄為世界文化遺產。

Data

布爾戈斯主教座堂
◎ GPS 座標：42.341,-3.704
◎ 網址：www.catedraldeburgos.es
◎ 開放時間：3/19 至 10/31 09:30-19:30，11/1 至 3/18 10:00-19:00
◎ 票價：€7
◎ 注意：大教堂舊城區一帶為行人徒步區，須將車子停在外圍後步行前往

聖米良德拉科戈利亞
San Millán de la Cogolla

聖米良德拉科戈利亞有二座修道院於 1997 年同時登錄為世界文化遺產，包括興建於六世紀的素索修道院（San Millán de Suso），及十一世紀的尤索修道院（Monasterio de San Millán de Yuso）。「素索」是上方之意，「尤索」則是下方之意，顧名思義，素索修道院在比尤索更高的山上。兩修道院相距不遠，但是因為山區道路狹小，若要前往素索修道院需先開車到尤索修道院，再登記參加導覽團前往。

尤索修道院

Data

素索修道院
◎ 開放時間：復活節至 9 月周二至周日
　 09:30-13:30、15:30-18:30，10 月至
　 復活節周二至周日 09:30-13:30、15:30-18:00。公
　 休周一
◎ 票價：€ 4

尤索修道院
◎ GPS 座標：42.326,-2.865
◎ 網址：www.monasteriodesanmillan.com
◎ 開放時間：復活節至 9 月周二至周日
　 10:00-13:00、16:00-18:30，10 月至復活節周二至
　 周六 10:00-13:00、15:30-17:30。周一僅於 8 月開
　 放參觀
◎ 票價：€ 6
◎ 注意：復活節為每年春分月圓之後第一個周日

素索修道院

畢爾包 Bilbao

目前以古根漢（Gugggenheim）為名的大型美術館一共有四間，分別位於紐約曼哈頓、德國柏林、義大利威尼斯與西班牙北部的畢爾包，由於以藝術為主，所以在造型上自然以獨特的建築風格聞名。畢爾包過去曾經是繁榮的鋼鐵與製造中心，所以這座美術館的主體建築設計上就有著濃厚的金屬風格，但

素索修道院

古根漢美術館與《小狗》

或許為了緩和陽剛的調性，美術館廣場前又放了隻巨型的可愛藝術創作《小狗》，這樣的組合也成為這個城市最具代表性的藝術建築。

Data

> 畢爾包古根漢美術館
> ◎ GPS 座標：43.268,-2.934
> ◎ 網址：www.guggenheim-bilbao.es
> ◎ 開放時間：周二至周日 10:00-20:00。周一遇特定日期才開放
> ◎ 票價：€ 15

比斯開橋 Bizkaiko Zubia

位在拉斯阿雷納斯（Las Arenas）的比斯開橋，以獨特的吊運方式將車子與人送至對岸聞名，也是世界現存最古老的吊運橋，於2006 年登錄為世界文化遺產。

Data

> 比斯開橋
> ◎ GPS 座標：43.323,-3.017
> ◎ 網址：www.puente-colgante.com
> ◎ 開放時間：05:00-22:00
> ◎ 票價：€ 0.35，空車€ 1.35，catwalk 基本費用€ 7

比斯開橋

安道爾 Andorra

庇里牛斯山橫亙於法國和西班牙之間，最高峰是海拔高 3,404 公尺的阿內托峰（Pico Aneto）。整座山脈平均海拔在 2,000 公尺以上，也是兩國的天然國界，而安道爾則是在這兩國邊界上的一個小國家，首都安道爾市（Andorra la Vella）。

由於庇里牛斯山區自然資源豐富又兼具文化特色，所以西法兩國均成立國家公園或自然公園來保護，海拔高 3,355 公尺的佩迪杜山（Monte Perdido）位處西班牙境內，是整個山脈的第三高峰，於 1997 年登錄為世界自然與文化雙重遺產，由於自然風光明媚，所以對於喜歡大自然的朋友來說，開車在庇里牛斯山無疑是一種很棒的體驗。

Data

安道爾市
◎ GPS 座標：42.512,1.537

Sant Climent de Taüll 教堂
◎ GPS 座標：42.517,0.848
◎ 網址：www.centreromanic.com
◎ 開放時間：10:00-19:00，7、8 月延長時間至 20:00
◎ 票價：€ 5

西班牙境內的庇里牛斯山風光

庇里牛斯山區的 Sant Climent de Taüll 教堂為羅馬式建築，裡面有著名的壁畫藝術，此教堂也被登錄為世界文化遺產

安道爾

安道爾與法國邊境

巴塞隆納 Barcelona

　　位於西班牙東北方，緊臨地中海，具有二千多年的歷史，也是西班牙第二大城。巴塞隆納因眾多歷史建築和文化景點而成為十分熱門的旅遊景點，絕大部分的人都是衝著安東尼‧高第的建築作品慕名而來，其中最著名的經典建築首推聖家堂（La Sagrada Familia），事實上，聖家堂可以說是巴塞隆納甚至整個西班牙最具代表性的建築，於 1882 年開始興建，因為資金來源主要是靠個人捐款，所以在資金有限的情況下至今尚未完工，這也是世界上唯一還未完工就被列為世界遺產的建築物。

　　高第曾說直線屬於人類，曲線則歸於上帝，所以他的建築作品運用大量曲線結構，包括聖家堂、米拉之家（Casa Milà）、巴特略之家（Casa Batlló）、桂爾公園（Parc

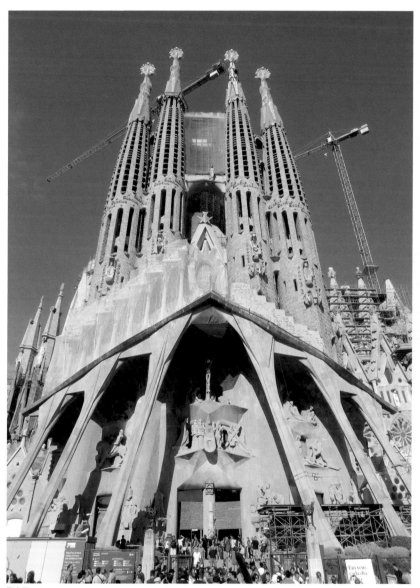

聖家堂

Güell）、桂爾宮（Palau Güell）等都是建構在這樣的概念之下，
而這些建築也全部登錄為世界文化遺產，對後世的影響之鉅
可見一斑。

米拉之家

巴特略之家

桂爾公園

Data

聖家堂
◎ GPS 座標：41.403, 2.174
◎ 網址：www.sagradafamilia.org
◎ 開放時間：4 至 9 月 09:00-20:00，3、10 月 09:00-19:00，11 至 2 月 09:00-18:00
◎ 票價：€ 15，含語音或專員導覽€ 19.5

桂爾公園
◎ GPS 座標：41.414,2.152
◎ 網址：www.parkguell.cat
◎ 開放時間：1/1 至 3/28 08:30-18:15，3/29 至 5/3 08:00-20:00，5/4 至 9/6 08:00-21:00，9/7 至 10/24 08:00-20:00，10/25 至 12/31 08:30-18:15
◎ 票價：€ 8，線上購票€ 7

米拉之家
◎ GPS 座標：41.395, 2.162
◎ 網址：www.lapedrera.com
◎ 開放時間：每日 09:00-20:00
◎ 票價：€ 20.5（含語音導覽）

Data

巴特略之家
◎ GPS 座標：41.392, 2.165
◎ 網址：www.casabatllo.es
◎ 開放時間：每日 09:00-21:00
◎ 票價：€ 21.5

桂爾宮
◎ GPS 座標：41.379, 2.174
◎ 網址：palauguell.cat
◎ 開放時間：4/1 至 10/31 10:00-20:00，11/1
　　至 3/31 10:00-17:30。公休周一與特定假日
◎ 票價：€ 12

畢拉聖母教堂

薩拉戈薩 Zaragoza

畢拉聖母教堂與市政廳

　　薩拉戈薩是一座具有 2000 多年歷史的古老城市，這個城市以擁有許多著名的「穆德哈爾式」（Mudéjar）建築聞名，是一種融合伊斯蘭風格的建築樣式，尤其車子一進入市區，很難不被畢拉聖母教堂（Balisica de Nuestra del Pilar）的建築群所吸引，這個城市的穆德哈爾式建築，包括

完美對稱結構的畢拉聖母教堂

　　畢拉聖母教堂旁的主教座堂（La Seo）、聖保羅教堂（Iglesia de San Pablo）與阿爾加費里亞宮（Aljafería Palace），於 2001 年登錄為世界文化遺產。

 Data

畢拉聖母教堂
◎ GPS 座標：41.657,-0.878
◎ 開放時間：夏季周一至周五 10:00-20:30，周六 10:00-12:00、15:00-20:30，周日 10:00-11:30、14:00-20:30；冬季周一至周五 10:00-14:00、16:00-18:30，周六 10:00-12:30、16:00-18:30，周日 10:00-12:00、16:00-18:30
◎ 票價：€ 4

聖保羅教堂
◎ GPS 座標：41.656,-0.886
◎ 網址：sanpablozaragoza.org
◎ 開放時間：周一至周六 10:30-12:30、19:00-20:30
◎ 票價：教堂€ 2，鐘塔€ 3，兩者聯票€ 4

阿爾加費里亞宮
◎ GPS 座標：41.656,-0.897
◎ 開放時間：4/1 至 10/15 每日 10:00-14:00、16:30-20:00，10/16 至 3/31 周一至周六 10:00-14:00、16:00-18:30，周日與假日 10:00-14:00
◎ 票價：€ 5，周日免費

埃納雷斯堡

埃納雷斯堡 Alcala de Henares

　　埃納雷斯堡位於馬德里東北 35 公里處，這個城市以阿爾卡拉大學（Alcalá University）聞名。阿爾卡拉大學創立於 1499 年，自十五世紀以來，這裡就是十分有名的大學城，也因此於 1998 年登錄為世界文化遺產，這也是離馬德里最近的一個世界文化遺產，由於離馬德里機場只要 20 公里的路程，所以離開西班牙前不妨來此走走。

Data
埃納雷斯堡
◎ GPS 座標：舊城區 40.480,-3.369

路線五：
阿爾卑斯山周邊與義北

　　花都巴黎是可以花一整周好好品味的城市，但由於對阿爾卑斯山的迷戀，讓我們決定一出機場即往阿爾卑斯山下小鎮霞慕尼（Chamonix）的方向前進，從這一帶一直延伸到奧地利的邊界更是阿爾卑斯山最壯麗的一段，其中瑞士舉世聞名的馬特洪峰就橫亙在瑞義邊界上，開車穿梭幾條世界最著名的登山公路，令人大嘆其美豔而不可方物，尤其義北的多洛米蒂山脈（Dolomiti）更以奇特山形聞名，也一直是我最喜歡的旅遊地區之一，喜歡大自然的朋友可千萬別錯過！

　　義大利是目前全世界文化遺產最多的國家，尤其米蘭大教堂華麗絕倫，更是義大利建築藝術顛峰造極的代表作品，讓人不禁要多看她一眼；另外威尼斯、比薩與佛羅倫斯更是來義大利必遊的景點，在驚豔讚嘆之餘似乎也忘卻了從巴黎長途舟車來此的辛勞，但卻總記得我們是帶著滿滿的感動回家的。

開車小叮嚀

　　在義大利開車，一定要特別留意「ZTL」（zona traffico limitato），用英文也不難理解其意思，就是「交通限制區域」（Zone traffic limitation），看到這個標誌代表只有此地區居民的車子才可以進入，否則會被當地警察開罰單，這也是有不少人提到他們在義大利開車都有遵守交通規則，更沒有違規停車的情形，但還是會（陸續）收到罰單的原因，甚至還

ZTL 符號

英國

荷蘭

波蘭

比利時

德國

盧森堡

捷克

DAY 1 **DAY 13**
巴黎

DAY 12
黑森林(Schwarzwald)

列支敦斯登

DAY 2
圖爾(Tours)

DAY 3-1
布爾茲(Bourges)

瑞士

奧地利

DAY 11
多洛米蒂山脈(Dolomiti)

法國

DAY 4
霞慕尼(Chamonix)

DAY 10
斯洛
維尼亞

安西(Annecy)

米蘭
(Milano)

威尼斯(Venezia)

克羅埃西亞

DAY 3-2
熱那亞(Genova)

DAY 5

DAY 9
聖馬利諾(San Marino)

比薩(Pisa)

佛羅倫斯
(Firenze)

DAY 8
阿西西(Assisi)

DAY 6

DAY 7

義大利

西班牙

F.R.AH

包含租車公司的手續費，代價可謂不小。

　　其實一般小鎮外圍都會設置停車場，所以在外圍停好車再走進市區也不會太麻煩，若是在大城市，盡可能把車子停在郊區，或選擇有提供停車服務的旅館，再搭大眾運輸進市區，凡事做好萬全準備就可以避免許多不必要的麻煩。

景點導覽

羅亞爾河流域　Vallée de la Loire

　　羅亞爾河流域上不少知名城堡皆登錄為世界文化遺產，這些古堡主要集中在圖爾（Tours）一帶，甚至當車子沿著羅亞爾河行駛時就可以發現城堡的蹤跡，由於這些地方大多公共交通不便，自行開車前往最方便。香波古城（Château de Chambord）與雪儂梭堡（Château de Chenonceau）可以說是整個羅亞爾河流域最有名氣的城堡，可依時間或喜好自行安排參觀。

香波古堡

Data

香波古堡
◎ GPS 座標：47.616, 1.517
◎ 網址：www.chambord.org
◎ 開放時間：4/1 至 9/30 09:00-18:00，10/1 至 3/30 09:00-17:00
◎ 票價：€ 11，停車 € 4

雪儂梭堡
◎ GPS 座標：7.325, 1.070
◎ 網址：www.chenonceau.com
◎ 開放時間：3/29 至 5/31 09:00-19:00，6/1 至 6/30 09:00-19:30，7/1 至 8/31 09:00-20:00，9/1 至 9/30 09:00-19:30，10/1 至 11/1 09:00-18:30，11/2 至 12/11 09:00-18:00，12/12 至 2/20 09:30-17:00，2/21 至 3/28 09:30-17:30
◎ 票價：€ 12.5

香波古堡

安西湖

安西 Annecy

位於瑞士日內瓦南方約 40 公里處，由於已經慢慢進入阿爾卑斯山區了，美麗的湖光山色隨處可見，這個城市處處散發著濃濃的瑞士風，影響法國啟蒙運動的瑞士哲學與政治理論家讓·雅克·盧梭（Jean-Jacques Rousseau），離開瑞士後便在安西這個地方展開新的生活。除了美麗的安西湖外，安西城堡旁的舊監獄是當地著名的歷史古蹟，目前已成為博物館，亦稱之為島宮（Palais de L'Isle）。舊監獄附近也是許多觀光客聚集的地方，放眼望去盡是悠閒，即使在此漫無目的地閒逛也是一種享受！

安西最有名的景點：舊監獄

 Data

　　舊監獄
◎ GPS 座標：45.899, 6.128
◎ 開放時間：6 至 9 月 10:30-18:00，10 至 5 月 10:00-12:00、14:00-17:00。公休周二與特定假日
◎ 票價：€ 3.7

　　安西碼頭
◎ GPS 座標：45.895, 6.135

霞慕尼 Chamonix

　　霞慕尼是阿爾卑斯山最高峰、也就是海拔 4,810 公尺的「白朗峰」北側山下的滑雪度假中心，這個小鎮以可搭乘纜車前往海拔 3,842 公尺高的南針峰瞭望臺聞名，在此可以近距離欣賞白朗峰的壯麗美景；此外，來到這裡的旅客還可以利用多條登山鐵路、纜車，上山滑雪或是登高賞景，對愛好大自然的人來說無非是最佳的度假天堂。

　　由於義法瑞邊境有阿爾卑斯山阻斷，所以從霞慕尼前往義大利最簡單也最方便的其實是直接走白朗峰隧道；不然就是往南繞過阿爾卑斯山後，再進到義大利杜林（Torino）前往米蘭。因為不太想走昂貴又沒景色的白朗峰隧道，所以利用 GPS 替代道路功能設定前往米蘭，而 GPS 的路徑規劃即是從瑞士馬蒂尼（Martigny）接 E27 公路，竟然讓我們來到一個完全冰封的奇幻世界⋯⋯。

前往霞慕尼途中景色

霞慕尼火車站

霞慕尼一景

前一晚霞慕尼下的五月雪

GPS 引我們進入阿爾卑斯山的奇幻世界

重新設定 GPS，真正的 E27 公路隧道就在這條山路的下方

Data

霞慕尼南針峰纜車站

◎ GPS 座標：45.918, 6.870
◎ 網址：www.chamonix.com/aiguille-du-midi-step-into-the-void,80,en.html
◎ 開放時間：每年不固定，詳見網站公告，暑假開放時間大約是 06:30~18:00
◎ 票價：來回 € 57

米蘭 Milano

　　市內的重要地標米蘭大教堂，可以說是義大利乃至於世界最大、最壯麗的教堂之一，整個教堂開始興建於 1386 年，於 1960 年才全部完工，總共耗費六個世紀，教堂建築包含了哥德式，新古典式與巴洛克式的風格，尤其本身以白色大理石為主更增添其美感，如果沒有親臨現場，實在很難體會其建築的雄偉與華麗。

米蘭大教堂

Data

米蘭
◎ 注意：舊市區不好停車而且大多是單行道，建議多利用地鐵等大眾運輸系統

米蘭大教堂
◎ GPS 座標：45.464, 9.192
◎ 網址：www.duomomilano.it
◎ 開放時間：大教堂每日 07:00-18:45。
　　登頂 10/25 至 2/7 09:00-16:45，2/8 至 3/28 09:00-17:45，
　　3/29 至 10/24 09:00-10:00。語音導覽 09:30-17:15
◎ 票價：語音導覽€ 4。登頂電梯€ 8，樓梯€ 5

熱那亞 Genova

　　前往義大利著名的觀光勝地五漁村（Cingue Terre）前，會先來到這個該國最大的港口，整個城市依山傍海、擁有絕美的街景與市容，其中新街和羅利宮殿群（Palazzi dei Rolli）已於 2006 年登錄為世界文化遺產。羅利宮殿群的建築主要集

熱那亞市區一景

熱那亞

中在加里波第街（Via Garibaldi）和巴爾比街（Via Balbi ）一帶，而從巴爾比街一直延伸到費拉里廣場（Piazza de Ferrari）更是熱那亞的觀光重點，逛逛這些眾多大家族的豪宅，也可以體現當時的生活情形與建築風華。

Data

費拉里廣場
◎ GPS 座標：44.407, 8.934

紅宮（Palazzo Rosso）
◎ GPS 座標：44.411, 8.932（加里波第街）
◎ 時間：周二至周五 09:00-19:00，周六周日 10:00-19:00
◎ 票價：€ 7

王宮（Museo di Palazzo Reale）
◎ GPS 座標：44.415, 8.926（巴爾比街）
◎ 網址：www.palazzorealegenova.beniculturali.it
◎ 開放時間：周二至周六 09:00-19:00，周日、假日13:30-19:00，每月第一個周日 09:00-19:00
◎ 票價：€ 7

里奧馬焦雷與五漁村海岸線

五漁村 Cinque Terre

從熱那亞沿著義大利半島的海岸線往南行駛，就可以來到五個義大利傳統的小漁村，由北到南分別為蒙泰羅索阿爾馬雷（Monterosso Al Mare）、韋爾納扎（Vernazza）、科爾尼利亞（Corniglia）、馬納羅拉（Manarola）與里奧馬焦雷（Riomaggiore），這五個漁村連同其延伸的海岸與島嶼，於 1997 年登錄為世界文化遺產，1999 年當局甚至成立國家公園，讓整個海岸景觀受到更完善的保護。

Data

五漁村 GPS 座標
◎ 蒙泰羅索阿爾馬雷：44.145, 9.646
◎ 韋爾納扎：44.137, 9.687
◎ 科爾尼利亞：44.120, 9.709
◎ 馬納羅拉：44.107, 9.731
◎ 里奧馬焦雷：44.100, 9.743

路卡 Lucca

整個舊城區被城牆所圍繞，剛好被五漁村、比薩斜塔和佛羅倫斯等幾個十分著名的觀光景點所包圍，若時間允許的話，非常值得進來參觀一下。歌劇《蝴蝶夫人》的作曲家浦契尼（Puccini）就誕生於這個小鎮，鎮上的聖米迦勒教堂（San Michele in foro）設計得有點像個生日蛋糕，是這個小鎮最具代表性的建築。整個義大利給人的感覺就是把建築藝術開創到全新格局，總會有驚喜不斷呈現出來。

聖米迦勒教堂
◎ GPS 座標：43.843, 10.502
◎ 開放時間：夏季 09:00–12:00、15:00–18:00，冬季 09:00–12:00、15:00–17:00
◎ 票價：免費

路卡聖米迦勒教堂

比薩 Pisa

世界聞名的比薩斜塔（Torre di Pisa）位於比薩大教堂後方，始建於西元 1173 年，在工程開始建造不久便由於地基不均勻和土層鬆軟而傾斜，建造過程中也因此停工數次，直到不斷評估與修正後才於 1372 年完工。不過完工後的幾百年來，比薩斜塔一直存在著傾斜加劇的安全疑慮，所以當局於 1990 年進行大規模的整修並扶正 44 公分，在耗時 11 年後於 2001 年再度重新開放。1987 年比薩的奇蹟廣場（Piazza dei Miracoli，又稱大教堂廣場）連同廣場上的建築，包括大教堂、洗禮堂、比薩斜塔和墓園被登錄為世界文化遺產，是義大利最具代表性的建築之一。

比薩大教堂與斜塔

> **Data**
>
> 比薩大教堂與斜塔
> ◎ GPS 座標：43.723, 10.396
> ◎ 網址：www.opapisa.it
>
> 比薩斜塔
> ◎ 開放時間：12 月、1 月 10:00-17:30，11 月、2 月 09:40-17:40，3 月 09:00-18:00，4 至 9 月 09:00-21:00，10 月 09:00-19:00
> ◎ 票價：€ 18
>
> 大教堂
> ◎ 開放時間：大教堂 12 至 2 月 10:00-12:45、14:00-17:00，3 月 10:00-18:00，4 至 9 月 10:00-20:00，10 月 10:00-19:00；洗禮堂 4 至 9 月 08:00-19:40，3 月、10 月 09:00-17:40，11 至 2 月 09:00-16:40
> ◎ 票價：大教堂 € 2（11 至 2 月免費）、洗禮堂 € 5

佛羅倫斯 Firenze

作為文藝復興的發跡地，佛羅倫斯的藝術成就自然不在話下，百花大教堂（Santa Maria del Fiore）與西紐利亞廣場（Piazza della Signoria）是佛羅倫斯必遊的景點。參觀這個城市就宛如置身一座戶外博物館一樣讓人驚豔無比，若能來到米開朗基羅廣場遠眺整個佛羅倫斯的話，將會是欣賞整個城市的最佳地點。佛羅倫斯歷史中心區也於 1982 年登錄為世界文化遺產。

米開朗基羅廣場遠眺整個佛羅倫斯市區

> **Data**
>
> 米開朗基羅廣場
> ◎ GPS 座標：43.763, 11.264
>
> 百花大教堂
> ◎ GPS 座標：43.775, 11.253
> ◎ 網址：www.ilgrandemuseodelduomo.it
> ◎ 開放時間：各月分不同，詳洽官網查詢
> ◎ 票價：€ 15

聖吉米那羅 San Gimignano

柱狀的高塔一直是義大利建築的特色之一，世界文化遺產聖吉米那羅更是把這樣的特色表露無遺，遠遠望去就有如高樓大廈群一樣壯觀，也因此搏得了「優美塔城」之美名。

> **Data**
>
> 聖吉米那羅
> ◎ GPS 座標：43.470, 11.041

聖吉米那羅

錫耶納大教堂

錫耶納 Siena

　　錫耶納的舊城區位於山丘上，從山下停車處望去頗具特色也非常漂亮，來到這裡，有兩個重要廣場是必遊景點，分別是康波廣場（Piazza del Campo）與大教堂廣場（Piazza del Duomo），整個市區最重要的景點幾乎集中在這兩個廣場上，而舊城區也於 1995 登錄為世界文化遺產。

Data

相關 GPS 座標
◎ 梅迪西亞堡壘（Fortezza Medicea）：43.322, 11.323
◎ 聖方濟各教堂：43.322, 11.334

錫耶納大教堂
◎ GPS 座標：43.318, 11.329
◎ 開放時間：3/1 至 11/2 10:30-19:00，11/3 至 2/28
　 10:30-17:30，12/26 至 1/6 10:30-19:00
◎ 票價：€ 4

曼吉亞塔樓
◎ GPS 座標：43.318, 11.332
◎ 開放時間：夏季 10:00-19:00，冬季 10:00-16:00
◎ 票價：€ 10

錫耶納市政廳與高 102 公尺的曼吉亞塔樓（Torre del Mangia），登頂可以欣賞市區風光

阿西西 Assisi

　　阿西西以聖者方濟各的出生地聞名，他於 1208 年在此創立方濟各會而影響後世甚鉅，聖方濟各聖殿和其他方濟各會相關建築也已登錄為世界文化遺產。建城在山腰的阿西西以白色系為主體，潔白而神聖，走在其間可以感受到強烈的宗教氣息，兩者之間完美搭配。

聖方濟各大教堂

Data

聖方濟各大教堂
◎ GPS 座標：聖方濟各大教堂 43.075, 12.605，舊城外停車場 43.066, 12.619
◎ 網址：www.sanfrancescoassisi.org
◎ 開放時間：登頂 08:30-18:45
◎ 票價：免費

烏爾比諾 Urbino

　　同樣登錄為世界文化遺產的烏爾比諾是建立在山丘上的一座要塞城市，也是藝術家拉斐爾的故居，可以購票入內參觀。整個城區最壯觀的建築要算是於 1444 年建造的總督宮（Palazzo Ducale），位置就在大教堂旁邊，現已成為國家馬凱美術館（Galleria Nazionale delle Marche），裡面收藏拉斐爾等人的名作。

烏爾比諾大教堂

Data

　烏爾比諾大教堂
◎ GPS 座標：43.725, 12.636
◎ 網址：palazzoducale.visitmuve.it
◎ 開放時間：4/1 至 10/31 08:30-19:00，11/1 至 3/31
　08:30-17:30
◎ 票價：€ 18

總督宮，內設有國家馬凱美術館

聖馬利諾共和國
Repubblica di San Marino

　　在義大利的國土上有兩個獨立小國，除了位於羅馬的梵諦岡外，另外一個就是位於義大利半島北邊的聖馬利諾共和國，國土面積只有 61 平方公里，是世界最小的國家之一，在歐洲僅次於梵諦岡與摩納哥。聖馬利諾的舊城區主要建在山上，從山下有纜車可

聖馬利諾共和國的市政廳與街道

至舊城精華區，也就是共和國宮（Palazzo Pubblico）附近，山上纜車站展望極佳，可以群覽整個國家；另外，整個聖馬利諾舊城區也被登錄為世界文化遺產，無疑是個小而美的國家，

Data

　聖馬利諾共和國宮
◎ GPS 座標：43.937, 12.446
◎ 網址：www.museidistato.sm
◎ 開放時間：1/2 至 6/8 09:00-17:00，6/9 至 9/14
　08:00-20:00，9/15 至 12/31 09:00-17:00
◎ 票價：€ 3
◎ 注意：這一帶為行人徒步區，須停好車後步行上來聖馬利諾共和國宮

聖馬可廣場

威尼斯大運河，從威尼斯聖塔露西亞火車站
就可以搭乘水上巴士前往聖馬可廣場

威尼斯居民的生活起居基本上都與水息息相
關，和泰國水上市場一樣，威尼斯人也直接
在船上販賣新鮮蔬果

在聖馬可水上巴士站對岸的是聖喬治·
馬喬雷島

威尼斯　Venezia

　　威尼斯由潟湖地形而形成的特殊人文景觀聞名於世，整體給人悠閒而浪漫的美好印象，自古就吸引很多文人雅士前來參觀，而她所獲得的美譽也從未少過，現今更是義大利最熱門的觀光景點之一，也是全世界最著名的水都。事實上，整個威尼斯地區範圍很大，除了最精華的聖馬可教堂以外，還包括聖喬治·馬喬雷島（Isola di san Giorgio Maggiore）、聖米蓋雷島（Isola di san Michele）、朱提卡島（Isola della Giudecca）、慕拉諾島（Murano）、麗都島（Lido）、布拉諾島（Burano）等潟湖群島，這些地方都可以透過水上巴士前往參觀，而整個威尼斯地區連同潟湖群島也都登錄為世界文化遺產，這麼特殊浪漫的地方，不妨也一起加到自己的必遊清單裡（bucketlist）吧！

> **Data**
>
> 威尼斯
> ◎ 羅馬廣場 GPS 座標：45.438, 12.318
> ◎ 交通：前往威尼斯風景區，最好將車子停在聖塔露西亞火車站（Stazione di Venezia Santa Lucia），或者是羅馬廣場一帶，再搭運河巴士前往

多洛米蒂山脈　Dolomiti

　　多洛米蒂山脈又稱白雲石山，整個山脈盤踞在義大利北部，屬於阿爾卑斯山的一部分，以獨特造形聞名，尤其在夏季配合翠綠的草原風光相當迷人，非常適合開車馳騁其間。美麗的多洛米蒂山脈也被登錄為世界自然遺產。由於山脈範圍很大，所以這次我們只參考國外玩家走了「山背」（Val de Funes）這個小區域，雖然只是多洛米蒂山脈的一小部分，但搭配草原與鄉村風光，也能美得令人流連忘返。

　　從北義其實可以直接進入法國回巴黎，不過我們選擇先進入奧地利、德國，再到法國的路線，順道多繞一下美麗的多洛米蒂山脈；再者，走德

從義大利回奧地利路上

多洛米蒂山脈一景

回巴黎路上所經過的田野風光，構圖十分簡單，卻美得讓人想多看幾眼

國的好處是有免費高速公路可以利用，還可以欣賞黑森林（Schwarzwald）的美麗風光。比較可惜的是，這次的多洛米蒂山脈之旅由於天氣不佳，不免有些敗興而歸，然而美麗的山永遠會在那裡，我們已經約好下次還要再來！更多相關介紹可見本書 P151。

Info

北義→多洛米蒂山背地區→奧地利→德國→法國建議路線
從波扎諾（Bolzano）→奧蒂塞伊（Ortisei）：46.574, 11.675
→拉維拉（La Villa）：46.588, 11.902
→聖馬蒂諾因巴迪亞（San Martino in Badia）：46.681, 11.893
→多洛米蒂山背地區：46.642, 11.681，之後接 A22 號公路即可來到奧地利因斯布魯克斯（Innsbruck），由此可進入德國接 E533 號公路到慕尼黑，轉 E52 號公路便可以一路回到法國巴黎。

路線一：波羅的海三國與波蘭　路線二：法國荷比盧
路線三：東歐亞得里亞海四國

小區域多國行程規劃

路線一：
波羅的海三國與波蘭

　　波羅的海三國可視為北歐行程的延伸，從哥本哈根搭機前往愛沙尼亞首都塔林（Tallinn），展開為期 10 天的旅程。之前總是對這些曾被蘇聯統治過的國家充滿好奇，這裡沒有歐洲大城市的繁華與擁擠，反而處處多了一份寧靜與祥和；雖然都是十分熟悉的古典建築風格，但又隱約透露著被強國侵略的痕跡；不管這裡的人民喜不喜歡蘇聯遺風，都是當地歷史的一部分；如果你對北歐或東正教文化有著濃厚的興趣，也喜歡樸實的生活步調，或許會很喜歡這個地方。

開車小叮嚀

　　波羅的海三國的公路系統似乎仍然無法跟西歐等先進國家相比，快速道路系統很少，而且有些鄉下路段甚至沒鋪設柏油，等車子走完之後就像在泥巴堆裡打滾一樣骯髒，但一般而言，路況還算十分良好，不必過於擔心。要特別注意的是，立陶宛與波蘭相連的西邊土地仍隸屬俄羅斯，東邊則是白俄羅斯所屬，所以實際上這兩國的邊境只有 E67 與 135（立陶宛）／ 16（波蘭）這兩條公路可以往來，如果沒有申請相關簽證的話，記得留意 GPS 路線規劃，以避免不必要的麻煩。

挪威

芬蘭

DAY 1 DAY 10
塔林(Tallinn)

波羅的海

愛沙尼亞

瑞典

俄羅斯

庫爾迪加(Kuldiga) DAY 2 里加(Riga)

丹麥

拉脫維亞

DAY 3 DAY 4 十字架山(Kryžių kalnas)

帕蘭加(Palanga) 立陶宛

俄羅斯 DAY 9
維爾紐斯(Vilnius)

DAY 8 格但斯克(Gdansk)

白俄羅斯

DAY 7
柏林(Berlin) DAY 5
華沙(Warszawa)

德國

DAY 6
弗羅茨瓦夫(Wrocław) 波蘭

烏克蘭

捷克

F.R.AH

塔林

亞歷山大·涅夫斯基主教座堂

哥德式建築的市政廳

亞歷山大·涅夫斯基主教座堂
◎ GPS 座標：59.436, 24.739
◎ 網址：www.nevsky.orthodox.ee
◎ 開放時間：周一至周六 08:00~19:00，
　　周日 08:00~20:00
◎ 票價：免費

市政廳
◎ GPS 座標：59.437, 24.745

景點導覽

塔林 Tallinn

　　塔林是愛沙尼亞的首都，近代的愛沙尼亞是個命運多舛的國家，1920 年原本蘇聯承認其為一獨立的國家，然在第二次世界大戰期間，愛沙尼亞先後被蘇聯與納粹德國所占領，1944 又再次被蘇聯占領，直到 1991 年 8 月才脫離，重新建立獨立為民主制的共和國，所以在塔林，乃至整個波羅的海三國中，或多或少都有俄國東正教的建築風格，位於塔林的亞歷山大·涅夫斯基主教座堂（Alexander Nevsky Cathedral）就是一個例子；而這個教堂剛好位於小山丘上，從這裡可以遠眺整個舊城區。塔林舊城區其實不大，但也是世界文化遺產之一。

里加 Riga

　　和愛沙尼亞一樣，拉脫維亞也是在第二次世界大戰期間再次被蘇聯併吞，直到蘇聯於 1980 年代開始進行政治改革，才促進拉脫維亞獨立運動的發展。1991 年 8 月 21 日，拉脫維亞再次宣布獨立，並於 2004 年加入歐盟，里加是拉脫維亞首都，為波羅的海三國中的最大城，舊城區也被登錄為世界文化遺產，重要景點有緬懷拉脫維亞獨立戰爭期間為國捐軀的

自由紀念碑

耶穌誕生大教堂

圓頂廣場

里加舊城區街景

市政廳廣場的里加大教堂與黑頭宮

拉脫維亞科學研究院

自由紀念碑、位於自由紀念碑旁的耶穌誕生大教堂（Nativity of Christ Cathedral）、圓頂廣場（Dome Square）、黑頭宮（House of blackheads）等。另外，完成於 1958 年蘇聯統治時期的拉脫維亞科學研究院（The Latvian Academy of Science Building），樓高 107.6 公尺，也是史達林哥德建築的代表之一，其樓高 65 公尺處，並設有展望臺。

Data

黑頭宮
◎ GPS 座標：56.947, 24.107
◎ 網址：www.melngalvjunams.lv
◎ 開放時間：5 至 9 月 10:00-17:00，10 至 4 月 11:00-17:00。公休周一
◎ 票價：免費

相關 GPS 座標
◎ 自由紀念碑：56.951, 24.113
◎ 科學研究院：56.943, 24.121

庫爾迪加　Kuldiga

庫爾迪加位於拉脫維亞的西部，是一個非常寧靜的小鎮，文塔（Vadakstis）河流過其間，可以欣賞到境內最寬的瀑布（Ventas rumba）。

Data

文塔河瀑布
◎ GPS 座標：56.968, 21.979
◎ 開放時間：全天開放
◎ 票價：免費

文塔河瀑布

帕蘭加　Palanga

帕蘭加是立陶宛西北方的一個海濱度假小鎮，有一段棧道（Palangos tiltas）延伸至波羅的海，可以在此欣賞海邊風光。

Data

帕蘭加棧道
◎ GPS 座標：55.920, 21.050

帕蘭加棧道

十字架山　Kryžių kalnas

　　位於立陶宛北部城市希奧利艾（Siauliai）的一個小山丘，以堆滿成千上萬個大大小小的十字架聞名，還有一些耶穌受苦像、聖母雕像以及數以千計的小型雕像，與天主教的《玫瑰經》。十字架山的起源目前已不可考，不過據說是跟 1831 年期間的反俄行動有關，即使在 1944 至 1990 年期間，立陶宛再次被蘇聯占領，立陶宛人仍然持續不斷地來到十字架山，用以證明他們忠於原來的民族、宗教信仰與傳統，成為和平抵抗的象徵，如今則是著名觀光景點，也是世界文化遺產。

> **Data**
> 十字架山
> ◎ GPS 座標：56.015, 23.416
> ◎ 網址：www.hillofcrosses.com
> ◎ 開放時間：全天開放
> ◎ 票價：免費

華沙　Warszawa

　　波蘭自從將首都遷至華沙以來便發展迅速，自古便有北方巴黎之稱，可惜的是在第二次世界大戰期間，市容嚴重損毀，不過在當地政府的努力下已漸恢復以往風貌，所以這是個新舊交替的城市，而這樣的成果也獲得聯合國的肯定，並於 1980 年登錄為世界文化遺產。

　　華沙主要景點都集中在舊市區廣場與王宮廣場一帶，而位於新市區的華沙中央車站附近則有一棟 32 層樓高的文化科學宮（Pałac Kultury i Nauki），是著名地標，樓高 231 公尺，為史達林送給波蘭人民的禮物，共 42 層樓，目前仍然是波蘭最高的建築，裡面設有「科學技術」與「進化」兩座博物館、

文化科學宮

在前往華沙途中遇到一座造形獨特的教堂

華沙王宮廣場，廣場旁是舊王宮，目前已成為博物館並對外開放

華沙舊城區的常春藤與鐘

中央市集廣場占地廣闊，是歐洲最大的一個中世紀廣場

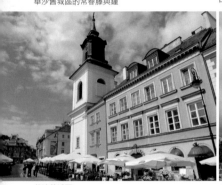

華沙舊城區

文化科學宮

歌劇院、電影院及藝文展覽中心，和一個可以容納 3,000 人的國際會議廳，是一棟相當壯觀的建築。

除了華沙以外，拉脫維亞里加與莫斯科也可以看到這種史達林式哥德建築，不過這是象徵威權統治的產物，不一定能引起所有人民的共鳴。

Data

華沙舊城區	文化科學宮
◎ GPS 座標：52.250, 21.012	◎ GPS 座標：52.233, 21.005
	◎ 網址：www.pkin.pl
	◎ 開放時間：09:00~18:00
	◎ 票價：文化科學宮 zł20，科學技術博物館 zł4，進化博物館 zł8

弗羅茨瓦夫　Wrocław

　　《寂寞星球》（Lonely Planet）這本旅遊書似乎對弗羅茨瓦夫有著高度的評價，在進入市區後一直有世界文化遺產的指標引領我們前往百年廳（Hala Stulecia），這是為了紀念抵抗拿破崙入侵的萊比錫戰役 100 周年的工程之一。除了百年廳以外，座堂島上的聖約翰主教座堂（Cathedral of St. John the Baptist），和市政廳所在的舊城區，都是這個城市不可錯過的景點。

弗羅茨瓦夫的百年廳

弗羅茨瓦夫

弗羅茨瓦夫市集廣場

弗羅茨瓦夫座堂島上的主教座堂

百年廳
◎ GPS 座標：51.107, 17.077
◎ 網址：centrumpoznawcze.pl
◎ 開放時間：11 至 3 月每日 09:00-17:00；4 至 10 月周一至周四、周日
　09:00-18:00，周五周六 09:00-19:00
◎ 票價：zł12

中央市集廣場
◎ GPS 座標：51.110, 17.030

聖約翰主教座堂
◎ GPS 座標：51.114, 17.046
◎ 網址：www.katedra.archidiecezja.wroc.pl
◎ 開放時間：教堂 08:00-17:00。鐘塔周一至周六 10:00-17:00，周日與
　假日 14:00-16:00
◎ 票價：教堂免費，鐘塔 zł4

柏林 Berlin

柏林圍牆紀念公園

波茲坦廣場

　　柏林是現今德國首都，柏林圍牆為必遊重點。二次世界大戰德國戰敗，柏林被劃分東西柏林，分為由蘇聯控制的東柏林，以及由美國、英國與法國所控制的西柏林。當時東德的人民紛紛透過邊界逃到西柏林，再利用所謂的「西柏林通道」前往西德與西方世界，冒著危險、不顧在邊界被射殺的可能而逃往西柏林的人數高達 250 萬人，直到 1961 年 8 月 13 日東德砌起圍牆後，越境逃亡的人數才被大幅限制，讓這道牆成為冷戰最知名的象徵。德國重新統一後，柏林圍牆幾盡拆除，殘留的圍牆除供緬懷以外，也象徵世人追求自由的渴望永遠不變。

　　根據當地人的說法，目前保留比較完整的柏林圍牆一共有三處，一段是位於修普雷（Spree）河北邊的柏林圍牆紀念公園（Berlin Wall Memorial），再來是修普雷河畔的東側畫廊（East Side Gallery），另一段則是位於修普雷河南邊、波茲坦廣場（Potsdamer Platz）附近的恐怖地形圖（Topographie des Terrors），這其實就是納粹德國時期的鎮壓機構，也就是祕密國家警察和黨衛軍總部的遺

址，現展示納粹政權的暴政酷刑，曾有數以千計的人被帶到這裡嚴刑拷問，且最終難逃一死。從拷問室到柏林圍牆，這個地方彷彿在輪流訴說一段悲慟的歷史，著實讓人有無限省思。

柏林大教堂

　　整個柏林市區由修普雷河流經市區，河流所圍繞的施普雷島（Spreeinsel）北方有許多知名的博物館與美術館聚集於此，堪稱柏林最精華的地區，也因此這一帶稱之為「博物館島」（Museuminsel），並於 1999 年登錄為世界文化遺產。

　　其他著名景點有柏林現今保存最大的宮殿，夏洛滕堡宮（Schlosspark Charlottenburg），及高 114 公尺，巴洛克式的柏林大教堂，始建於 1893 年，第二次世界大戰後遭到破壞，於 1993 年重建後才得以恢復原貌。而二次世界大戰後積極重建的波茲坦廣場，附近都是現代化的高樓大廈與藝術文化設施，來此可感受柏林浴火重生的新面貌；另外，高365 公尺的柏林電視塔，現為柏林最高的建築，塔上設有瞭望臺可遠眺整個城市美景。

柏林電視塔與街景

Data

柏林圍牆紀念公園
◎ GPS 座標：52.534, 13.389
◎ 其他柏林圍牆 GPS 座標：恐怖地形圖 52.507, 13.384，東側畫廊 52.505, 13.440
◎ 網址：www.berliner-mauer-gedenkstaette.de 恐怖地形圖 www.topographie.de
◎ 開放時間：全天開放
◎ 票價：免費

柏林大教堂
◎ GPS 座標：52.519, 13.400
◎ 網址：www.berlinerdom.de
◎ 開放時間：周一至周六 09:00-19:00，周日假日 12:00-19:00
◎ 票價：€7

波茲坦廣場
◎ GPS 座標：52.510, 13.377

夏洛滕堡宮（Schlosspark Charlottenburg）
◎ GPS 座標：52.521, 13.295
◎ 網址：www.spsg.de
◎ 開放時間：4/1 至 10/31 10:00-18:00，11/1 至 3/31 10:00-17:00。公休周一
◎ 票價：€17、語音導覽€12、拍照許可€3

前往托倫途中經過的小鎮：格涅茲諾（Gniezno）

托倫的舊市政廳與街景

托倫舊城區一景（監獄）

托倫 Toruń

著名天文學家哥白尼的故鄉，也是一個非常可愛的小鎮，整個舊城區在 1997 年被登錄為世界文化遺產。

Data
相關 GPS 座標
◎ 格涅茲諾：52.537, 17.593
◎ 托倫舊城區：53.010, 18.604

馬爾堡城堡

於第二次世界大戰時幾乎全毀的馬爾堡

馬爾堡 Malbork

馬爾堡原本是座十三世紀時期時由條頓騎士團（the Teutonic Order）所建立的據點，在第二次世界大戰期間受到嚴重的破壞，於 1962 年開始重建工程，在城堡外有戰時的外

觀可供對比，看得讓人不禁對戰爭的殘酷感
到不勝唏噓。現在已經修復完成，並成立博
物館開放參觀，1997 年聯合國也將馬爾堡登
錄為世界文化遺產。

馬爾堡
◎ GPS 座標：54.040, 19.028
◎ 網址：www.zamek.malbork.pl
◎ 開放時間：內部周二至周日 09:00-19:00，
　外部每日 09:00-20:00
◎ 票價：zl35

湖畔的馬爾堡

格但斯克 Gdansk

　　格但斯克和索波特（Sopot）這兩個城市幾
乎連在一起，位於波蘭北方且緊臨波羅的海，由
於位居要衝之地，所以在第二次世界大戰期間成
為納粹德國的攻擊目標，於戰時遭受嚴重破壞，
不過目前已修復完成，不辱昔日「波羅的海最美
城市」之譽，整個市區的精華就在長廣場（Długi
Targ）一帶，市政廳的鐘塔也是這個城市最美的
地標建築。

長廣場與市政廳

索波特的哈哈屋（Krzywy Domek/The Crooked House）

王室禮拜堂（Kaplica Królewska）與聖母瑪利亞教堂
（Bazylika konkatedralna Wniebowzięcia Najświętszej Maryi
Panny）

相關 GPS 座標	王室禮拜堂
◎ 哈哈屋：54.444, 18.566	◎ GPS 座標：54.350, 18.653
◎ 長廣場：54.348, 18.654	◎ 網址：www.bazylikamariacka.pl
	◎ 開放時間：周日 11:00 彌撒禮拜。8 月不對外開放
	◎ 票價：免費

波羅的海三國常常可以看到這種鸛（鳥）築巢的奇景，
不是在電線桿就是路燈上

特拉凱城堡

特拉凱的湖邊景色

特拉凱 Trakai

　　特拉凱城堡是近年來立陶宛主打的旅遊重點之一，
身在立陶宛當地旅行，處處都可以見到廣告看板，由於
這個地方離立陶宛首都維爾紐斯（Vilnius）很近，所以也
成為相當熱門的景點。城堡剛好位於湖中的小島上，在
清晨時分更增添一份寧靜之美。

Data

特拉凱城堡
◎ GPS 座標：54.652, 24.933
◎ 網址：www.trakai-visit.lt
◎ 開放時間：5 至 9 月 10:00-19:00，10 月、3 月、4 月
　　10:00-18:00，11 至 2 月 10:00-17:00。公休周一
◎ 票價：€ 6

維爾紐斯大教堂

維爾紐斯 Vilnius

　　波羅的海三國的首都皆被登錄為世界文化遺產，立
陶宛的維爾紐斯自有可看之處，不過這個地方景點比較
分散一些，還好開車代步省去很多麻煩。在歐洲有些地
方的教堂與鐘塔是分開的設計，維爾紐斯的大教堂即為
一個例子，大教堂與聖安妮教堂（St. Anne's Church）都
是這個城市最著名的景點之一。

　　1997 年 4 月 1 日宣布獨立的「對岸共和國」（Užupio
Respublika）就位在立陶宛首都維爾紐斯內，這是由一群
藝術家與文史工作者所組成的烏托邦，街上有一塊以多
種語言所刻印的憲法看板，規定這個國家的人民都有權

維爾紐斯聖安妮教堂

利「擁有兄弟、姐妹與父母」、「分享所有」、「哭泣」、「犯錯」、「愛人」、「快樂」等，且每個人都有權利「搞不清楚自己的責任」，該國有自己的憲法、貨幣、國旗與總統；Google 地圖上也可以看到完整的行政區。

對岸共和國的入口與牌子

Data

維爾紐斯大教堂
◎ GPS 座標：54.686, 25.287
◎ 網址：www.katedra.lt
◎ 開放時間：每日 07:00-18:45
◎ 票價：免費

聖安妮教堂
◎ GPS 座標：54.683, 25.293
◎ 網址：www.onosbaznycia.lt
◎ 開放時間：5 至 9 月 11:00-19:00，10 至 4 月 17:00-19:00
◎ 票價：免費

對岸共和國
◎ GPS 座標：54.681, 25.292

嵐杜爾王宮 Rundule Palace

嵐杜爾王宮位於里加以南約 80 公里的車程，這座巴洛克式建築的王宮主要建於 1738 至 1740 年，與 1764 至 1768 年這兩個時期，不過在 1919 年拉脫維亞獨立戰爭中受到破壞，目前也整修完成並於 1972 年成立博物館，開放參觀的部分包含王宮與花園，也是拉脫維亞最熱門的旅遊景點之一。

嵐杜爾王宮

Data

嵐杜爾王宮
◎ GPS 座標：56.413, 24.024
◎ 網址：rundale.net
◎ 開放時間：10:00-17:00；5 至 10 月延長至 18:00，花園延長至 19:00
◎ 票價：短程導覽€4，長程導覽€6；花園 11 至 4 月免費，6 至 9 月€4，
  5、10 月 € 1.5

路線二：法國荷比盧

　　荷比盧可視為法義行程的延伸。從法國前往荷比盧前可先走一趟法國宗教聖城，位於西北角海濱邊陲地帶的聖米歇爾山（Mont-Saint-Michel），雖然距離巴黎有點遠，行車距離因此拉長，但也讓整個行程變得更加精采，這主要受惠於法國是個觀光資源非常豐富的國家，行駛其間往往會有很多意外的收穫，其實這也是開車自助最大的好處，可以讓你的旅行變得更為有彈性。

開車小叮嚀

　　歐洲國家高速公路的收費方式都不大一樣，而法國高速公路的收費方式有點像義大利，基本上就是分兩種：一種是分段計費，經過一次收費站就收一次；另外一種是計程收費，一進到計程收費路段就先取票，等要下高速公路時再通過收費亭並依使用的距離計算收費。如果要避免被租車公司收取額外的服務費，最好不要走自動收費車道（類似臺灣ETC），通過收費站時仔細看車道上的告示牌就很容易分辨。

　　另外有幾次在法國開車時遇到假日都會很頭痛，因為一到假日，很多加油站的附設商店都會關門，所以就會變成自助加油站，但法國有些加油機不一定接受臺灣信用卡，遇到這種情形只好請當地人先幫你刷卡，再付現金給他。

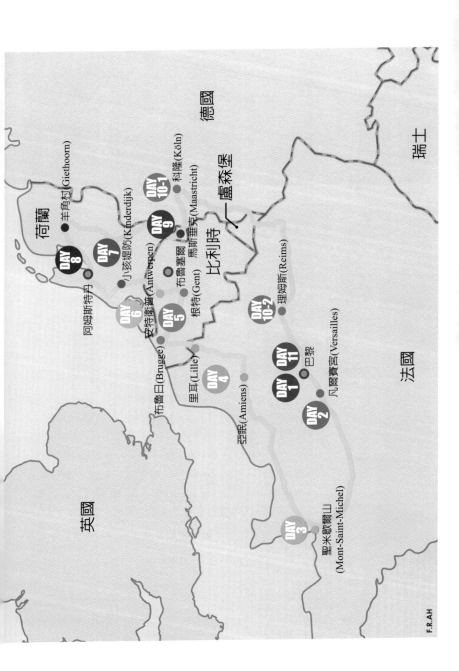

羅浮宮

艾菲爾鐵塔遠眺塞納河與聖心堂（Basilique du Sacré-Cœur）

艾菲爾鐵塔遠眺夏佑宮（Palais de Chaillot）與商業區

景點導覽

巴黎 Paris

　　法國首都巴黎名氣自然不在話下，從艾菲爾鐵塔到聖母院一帶的塞納河兩岸都是主要的觀光重點，如果可以登上艾菲爾鐵塔俯瞰整個巴黎市區，你會明顯感受到這座城市的偉大與華麗。

　　法國很多博物館與美術館在每個月的第一個周日都會免費開放參觀，名列世界三大博物館之一的羅浮宮（Musée du Louvre）更是喜歡藝術的朋友不能錯過的地方，其他幾個可供免費參觀的還有奧塞美術館（Musée d'Orsay）、畢卡索美術館（Musée national Picasso）、羅丹美術館（Musée Rodin）與龐畢度現代文化館（Musée national d'art moderne - Centre Pompidou）等，所以有幸在當月第一個周日來巴黎的話，可以好好利用。

Data

羅浮宮
◎ GPS 座標：48.860, 2.337
◎ 網址：www.louvre.fr
◎ 開放時間：周三、五 09:00-21:45，其他 09:00-18:00。公休周四
◎ 票價：€ 15。每月第一個周日免費

艾菲爾鐵塔
◎ GPS 座標：48.859, 2.294
◎ 網址：www.toureiffel.paris
◎ 開放時間：6 月中至 9 月初 09:00-24:00，其他 09:30-23:00
◎ 票價：塔頂電梯€ 17；中層電梯€ 11、樓梯€ 7

黃昏的凡爾賽宮

凡爾賽宮 Versailles

　　凡爾賽宮位於法國巴黎西南郊外伊夫林省（Yvelines）省會凡爾賽鎮，是 1682 年至 1789 法國的王宮，也是當時的權力中心所在，這座豪華的王宮是法國國王路易十四動員了成千上萬的百姓與工匠日以繼夜地施工，總計費時 50 年才完成，當時是為了中央集權，並削弱貴族勢力而打造，如今是世界上最大的單一宮殿建築，也登錄為世界文化遺產。

凡爾賽宮
◎ GPS 座標：48.805, 2.120
◎ 網址：www.chateauversailles.fr
◎ 開放時間：4/1 至 10/31 王宮 09:00-18:30，花園 08:00-20:30；11/1 至 3/31 王宮 09:00-17:30，花園 08:00-18:00。公休周一
◎ 票價：通票一日€ 18，二日€ 25；王宮€ 15，導覽行程€ 7

聖米歇爾山 Mont-Saint-Michel

　　聖米歇爾山位於法國諾曼第（Normandie）附近距海岸約 1 公里的岩石小島，自西元七世紀以來開始建造教堂，如今成為法國著名修道院，同時也是天主教的朝聖地。聖米歇爾山在早年公路尚未修建以前，每當漲潮之際整座小島便會被海水圍繞，等到退潮的時候才可以踩著爛泥巴登島上山，由於現今通往小島的公路已修建完成，加上整個修道院造型優美，是法國非常有名的旅遊景點，整個聖米歇爾山及其海灣於 1979 年被聯合國教科文組織列為世界文化遺產。

聖米歇爾山

朝聖聖米歇爾山的人群

 Data

聖米歇爾山

◎ GPS 座標：48.636, -1.511

◎ 網址：www.ot-montsaintmichel.com

◎ 開放時間：修道院 5/2 至 8/31 09:00-19:00，9/1 至 4/30 09:30-18:00

◎ 票價：修道院€ 9

◎ 交通：前往聖米歇爾山可將車子停在外圍，然後搭乘免費接駁車或步行前往

利雪 Lisieux

　　從康城（Caen）開車前往利雪途中，就可以在很遠的地方看到這座位於山丘上、造型相當優美的聖泰瑞莎大教堂（Basilica of Saint Thérèse），這也因此吸引我們特地轉進市區欣賞，第一時間彷彿又見到了另外一座美麗的聖心堂。從聖泰瑞莎大教堂往市區方向走，其實還有一座頗具規模的利雪大教堂，若對教堂有興趣可以順便進來參觀。

利雪的聖泰瑞莎大教堂

> **Data**
>
> 聖泰瑞莎大教堂
> ◎ GPS 座標：49.140, 0.236
> ◎ 網址：www.therese-de-lisieux.catholique.fr
> ◎ 開放時間：每日 09:30-18:00
> ◎ 票價：免費
>
> 利雪大教堂
> ◎ GPS 座標：49.146, 0.226
> ◎ 網址：www.lisieux-tourisme.com
> ◎ 開放時間：每日 09:30-18:00
> ◎ 票價：免費

亞眠 Amiens

　　亞眠擁有全法國最大的教堂，這也是哥德式建築頂峰時期的代表，在教堂內外盡是十分精美的雕刻藝術，於 1981 年登錄為世界文化遺產，是這個城市必遊的景點。

> **Data**
>
> 亞眠大教堂
> ◎ GPS 座標：49.895, 2.302
> ◎ 網址：cathedrale-amiens.monuments-nationaux.fr
> ◎ 開放時間：4/1 至 9/30 08:30-18:15，10/1 至
> 　3/31 08:30-17:15
> ◎ 票價：免費

亞眠大教堂

里耳 Lille

　　里耳是法國與比利時的邊境城市，所以在這裡開始大量出現具比利時特色的鐘樓，1999 年聯合國教科文組織先將比利時境內的 32 座鐘樓列入世界文化遺產名單，到了 2005 年

戴高樂將軍廣場

又追加 24 座（主要）位於法國的鐘樓，所以在法國與比利時地區總計就有 56 座鐘樓被登入世界文化遺產，這個地區的世界文化遺產為數眾多，走在路上撞見了可能都還不知道呢！

里耳整個城市最精華的地方就在戴高樂將軍廣場（Place Charles de Gaulle）周圍，在這裡咖啡廳林立，可以立即感受到四處洋溢的悠閒氣氛。

Data
戴高樂將軍廣場
◎ GPS 座標：50.637, 3.064

登錄為世界文化遺產的伊珀爾布館鐘樓

伊珀爾 Ieper

這一天我們從法國里耳過境比利時，住在邊境的小鎮上，一位遠從紐西蘭來此工作的先生，建議我們一定要抽空去伊

珀爾這個小鎮走走，他說來到比利時工作半年，最鍾愛的就是這裡，尤其喜歡此處的悠閒與寧靜，既然有人大力推薦，我們當然要轉進來參觀一下囉！伊珀爾最著名的建築為市中心的布館（The Cloth Hall），始建於1200年，是早期布料與羊毛的商業交易中心，由於布料產業式微，布館功能漸失，目前已成為多功能建築，包括市政廳、旅遊局、法蘭德斯戰場博物館。

布館、聖馬丁大教堂（St. Martin's Cathedral）與周邊建築構成一幅相當美麗的畫面

Data

布館
◎ GPS座標：50.851, 2.885
◎ 網址：www.inflandersfields.be
◎ 開放時間：4/1至11/15 10:00-18:00，周一至17:00。其他時段不開放
◎ 票價：博物館€9、鐘樓€2

布魯日 Bruges

　　英國黑色幽默電影《殺手沒有假期》（In Bruges），就是以布魯日為故事背景，這也是要把布魯日加入行程的主要原因，這個地方河道縱橫交錯，是座美麗的水都，有「北方威尼斯」之稱，市政廳一帶的市集廣場是整個城市最精華的地方，登錄為世界文化遺產的鐘樓就位於市集廣場上。

Data

布魯日鐘樓
◎ GPS 座標：51.208, 3.225
◎ 網址：bezoekers.brugge.be/nl/belfort
◎ 開放時間：每日 09:30-17:00
◎ 票價：€ 8

根特聖尼可拉斯教堂

根特聖米迦勒橋（St Michael's Bridge）兩岸風光

根特 Gent

　　從布魯日前往比利時首都布魯塞爾，途中會經過根特這個非常美麗的城市，由於這個地方是西爾得（Schelde）河與雷耶（Leie）河交會的地方，所以水上交通相當發達，這座城市也因此變得更為豐富而精采。根特的鐘樓也被登錄為世界文化遺產，與附近的聖巴佛大教堂（Saint Bavo's Cathedral）與聖尼可拉斯教堂（Saint Nicholas' Church），同為根特最具代表性的三大鐘樓。

Data

根特鐘樓
◎ GPS 座標：51.054,3.725
◎ 網址：www.visitgent.be
◎ 開放時間：每日 10:00-18:00
◎ 票價：€ 6
◎ 交通：聖巴佛大教堂、聖尼可拉斯教堂位在同一條路面電車上，即林布格街（Limburgstraat）往雷耶河（聖米迦勒橋，GPS 座標 51.054, 3.720）延伸方向

布魯塞爾 Bruxelles

　　比利時首都布魯塞爾的大廣場（Grand Place），可以說是這個城市建築藝術集大成的地方，是一座不可多得的華麗

布魯塞爾大廣場

原子模型塔

布魯塞爾大廣場上的市立博物館

廣場，同時與廣場上的鐘樓登錄為世界文化遺產。另外作為這個國家象徵之一的尿尿小童，可由大廣場步行前往，雕像雖然不大，但也有近 400 年的歷史，和哥本哈根小美人魚一樣，國家的首都機場裡都有設置複製品，足見對這兩國的重要性不言可喻。

位於市郊的原子模型塔（Atomium），是為了在 1958 年舉辦的萬國博覽會所建，塔高 102 公尺，登上塔頂可以俯視整個布魯塞爾市景。

Data

聖米歇爾大教堂
◎ GPS 座標：50.848, 4.360
◎ 網址：www.cathedralisbruxellensis.be
◎ 開放時間：周一至周五 07:00-18:00，周六周日 08:00-18:00
◎ 票價：參觀教堂免費，但部分地方要收費。地下陵寢€3（須預約）
◎ 交通：前往聖米歇爾大教堂與布魯塞爾市區著名景點建議可以先導航至王宮附近，這一帶有許多路邊停車格，從這裡前往各個景點相當方便

Data

王宮
◎ GPS 座標：50.842, 4.362
◎ 網址：www.monarchie.be
◎ 開放時間：6/22 至 9/6 周二至周日 10:30-16:30
◎ 票價：免費

原子模型塔
◎ GPS 座標：50.895, 4.341
◎ 網址：www.atomium.be
◎ 開放時間：每日 10:00-18:00
◎ 票價：€11

相關 GPS 座標
◎ 尿尿小童：50.845, 4.350
◎ 大廣場：50.847, 4.352

盧萬的市政廳

盧萬 Leuven

　　初見盧萬市政廳的精美雕刻實在令人嘆為觀止，整個建築總共有 236 座身著當代服飾的雕像，並刻有《聖經》的場景，是來盧萬不能錯過的景點。

Data

盧萬市政廳
◎ GPS 座標：50.879, 4.701
◎ 網址：www.leuven.be
◎ 開放時間：每日 15:00
◎ 票價：€4（含導覽與手冊）

安特衛普 Antwerpen

　　安特衛普是比利時最重要的港口，也是歐洲的第三大港，比利時的第二大城，這個城市最重要的產業就是鑽石工業，也是世界鑽石工業的三大中心之一，若對鑽石產業有興趣的話，中央車站旁還有個鑽石博物館有相關展示，可以購票入內參觀。整個安特衛普的觀光景點集中在斯赫爾德（Schelde）河邊的市政廳一帶，在市政廳廣場旁的聖母大教堂鐘樓高 123 公尺，同樣被列入世界文化遺產，自然不容錯過！

安特衛普市政廳與市集廣場

鐘樓被列為世界遺產的聖母大教堂

Data

安特衛普市政廳
◎ GPS 座標：51.221, 4.399

聖母大教堂
◎ 網址：www.dekathedraal.be
◎ 開放時間：周一至周五 10:00-17:00，周六 10:00-15:00，周日 13:00-16:00
◎ 票價：€ 4。每日有 1-3 場免費導覽，詳細時間可查詢官網
◎ 注意：聖母大教堂就位於市政廳廣場旁

小孩堤防 Kinderdijk

　　荷蘭最有名的代表莫過於風車與木鞋。若要在荷蘭欣賞傳統風車，有兩個地方是最佳的選擇，一個是位於阿姆斯特丹北方約 15 公里處的風車村（Zaanse Schans），另一個則是位於鹿特丹東方約 20 公里路程的小孩堤防，這個地方也在1997 年登錄為世界文化遺產。

　　小孩堤防坐落在萊克（Lek）河與諾德（Noord）河交會處，當年為了改善這一帶的水患，1740 年建立一個由 19 座風車組成的系統，用以平衡水位以達到乾燥土地的目的，這也是荷蘭最大的風車系統，目前已成為知名景點。

小孩堤防

小孩堤防
◎ GPS 座標：51.889, 4.638
◎ 網址：www.kinderdijk.nl
◎ 開放時間：全天開放
◎ 票價：免費

風車村
◎ GPS 座標：52.473, 4.820
◎ 網址：www.dezaanseschans.nl
◎ 開放時間：每日 10:00-17:00
◎ 票價：免費

阿姆斯持丹 Amsterdam

　　荷蘭在十三世紀時就開始大規模進行填海造陸，這個國家 20% 以上的國土都是利用填海技術而來，如今的國土面積甚至超越臺灣，達 41,000 平方公里，由於造陸的關係，荷蘭很多地方都低於海平面，這個城市原本只是一個漁村，人們在阿姆斯特爾河上建築水壩以防止海水的入侵，然後再用風車進行排水，「dam」是水壩的意思，「Amsterdam」原意即為阿姆斯特爾河上的水壩。

　　阿姆斯特丹另一個特色就是市區內的人工運河眾多，而且這些運河幾乎皆以中央車站一帶為圓心，以畫半圓的方式並整合市區的街道一起規劃（Seventeenth-Century Canal Ring Area of Amsterdam），這樣的設計也被聯合國登錄為世界文化遺產，所以來到阿姆斯特丹不妨來段運河巴士的體驗，享受一下船行市區的樂趣！

水壩廣場
◎ 王宮附近的 GPS 座標：52.373, 4.892

荷蘭首都阿姆斯特丹

羊角村

羊角村

羊角村 Giethoorn

擁有 750 年歷史的羊角村是個非常悠閒漂亮的小村莊，這裡處處盡是小橋流水，加上具有當地特色的房屋造景，所以有「荷蘭威尼斯」的美稱，誠然是荷蘭不可錯過的景點之一。

Data

羊角村
◎ GPS 座標：觀光區入口 52.722, 6.078
◎ 開放時間：全天開放
◎ 票價：免費
◎ 注意：由入口走往東邊的河道即為最著名觀光區

夫來特郝廣場

馬斯垂克 Maastricht

　　馬斯垂克剛好位於荷比德三國的交界處，1991 年在這裡舉行的第 46 屆歐洲共同體首腦會議中，經過兩天的辯論，最終通過並草簽了《歐洲聯盟條約》，為建立一個統一的歐洲經濟與貨幣聯盟確立目標與步驟，所以這是個具有重要歷史地位的城市。夫來特郝（Vrijthof）廣場是整個市區的精華所在，其中以紅色系為主體的聖揚斯科教堂（Sint Janskerk）最為顯目，其塔樓可供攀登，並眺望整個市區。從馬斯垂克可轉往德國，欣賞同列為文化遺產的科隆（Köln）大教堂與萊茵河歷史區。

Data

　夫來特郝廣場
◎ GPS 座標：50.849, 5.689

科隆 / 萊茵河 Köln / Rhine

　　來到科隆就一定要進來參觀德國規模最大的科隆大教堂，其 157 公尺高的雙塔鐘樓使得它成為德國第二高的教堂，僅次於烏爾姆（Ulm）高 161.5 公尺的大座堂，更是世界第三高的教堂，這座典型的哥德式教堂也被登錄為世界文化遺產。此外，從科隆到梅因茲（Mainz）之間，沿著萊茵河畔也構築了好幾座城堡，跟奧地利的多瑙河瓦郝溪谷（Wachau Valley）一樣，因河岸歷史風光而入選為世界文化遺產（P210），而我們正好也可以以車代船，好好欣賞這段精采的萊茵河之旅。

科隆大教堂

萊茵河一景

> **Data**
>
> 科隆大教堂
> ◎ GPS 座標：50.941, 6.958
> ◎ 網址：www.koelner-dom.de
> ◎ 開放時間：大教堂 11 至 4 月 06:00-19:30，5 至 10 月 06:00-21:00；南
> 　塔 5 至 9 月 09:00-18:00，3、4、10 月 09:00-17:00，1、2、11、12 月
> 　09:00-16:00
> ◎ 票價：大教堂免費，南塔€ 4

理姆斯古色古香的市政廳

世界遺產理姆斯大教堂與現代化的輕軌電車

理姆斯 Reims

　　理姆斯在法國歷史上扮演著非常重要的角色，因為它是歷任法國國王加冕的地方，前後一共有 16 位法國國王在此接受主教加冕。理姆斯做為法國的歷史文化名城，城市裡有許多景點都被登錄為世界文化遺產，其中包括國王加冕之處：理姆斯大教堂（Cathedral Notre-Dame de Reims），國王於加冕前後居住、召見大臣的居所，塔烏宮殿（Palais du Tau），以及聖雷米修道院／教堂 (Former Abbey of Saint-Remi ／ Saint-Remi Basillica) 等三處遺產，由於理姆斯剛好位在從盧森堡回巴黎的路上，所以時間允許的話，可以進來參觀一下這個在法國歷史中地位相當重要的城市。

> **Data**
>
> 塔烏宮殿
> ◎ GPS 座標：49.253, 4.035
> ◎ 網址：palais-tau.monuments-nationaux.fr
> ◎ 開放時間：夏季 09:30-18:30，冬季
> 　09:30-12:30、14:30-17:30
> ◎ 票價：€7.5，與理姆斯大教堂鐘塔合購 € 11
> ◎ 注意：塔烏宮殿即位在理姆斯大教堂後面
>
> 聖雷米修道院／教堂
> ◎ GPS 座標：49.243, 4.042
> ◎ 開放時間：修道院 08:00-19:00，博物館
> 　14:00-18:30
> ◎ 票價：博物館€ 3
>
> 理姆斯大教堂
> ◎ GPS 座標：49.254, 4.034
> ◎ 網址：www.cathedrale-reims.com
> ◎ 開放時間：大教堂每日 07:00-19:00，鐘塔周
> 　二至周日 11:00-16:00
> ◎ 票價：免費，鐘塔€7.5，與塔烏宮殿合購 € 11
> ◎ 交通：理姆斯大教堂附近停車位有限，建議
> 　可以導航到市政廳前廣場（49.258, 4.031），
> 　這附近有很多停車格，從這裡步行至大教堂
> 　約 8-10 分鐘

路線三：
東歐亞得里亞海四國

這是我們第二次嘗試東歐的行程。第一次前往東歐的時候，因為車子沒有準備合法的入境文件，所以在希臘出境時被海關禁止入境阿爾巴尼亞，連同後面的蒙特內哥羅、波士尼亞，甚至旅遊熱門大國克羅埃西亞都無法完成；然而，自從克羅埃西亞的十六湖國家公園相繼被報導而在網路廣為流傳後，我就一直很想去這個地方走走，所以既然有著太多的遺憾，這一年決定捲土重來，從斯洛維尼亞首都盧布爾雅那（Ljubljana）出發，把這幾個未完成的東歐國家再補回來。

另外，法義行的時候被多洛米蒂山脈迷人的風景所吸引，但是當時天氣不是很好，所以並沒有看到她最美的樣貌，心中總覺得還是帶了一份遺憾。既然都直接飛到斯洛維尼亞了，離多洛米蒂山區不是那麼遙遠，所以決定先直奔義北山區，再往南依序前往克羅埃西亞、蒙特內哥羅和波士尼亞。至於阿爾巴尼亞跟科索沃這兩國還是一直卡在車子不能入境的問題，好幾家車行給的答案都一樣，似乎只要從斯洛維尼亞租的車都無法前往，所以最後還是選擇作罷。

前南斯拉夫解體後的東歐諸國總給人一種神祕的色彩，在前往這些地方之前不免會有點擔心，不過後來證明這種疑慮完全多餘，不但安全而且人民也十分友善。總之，這是一段風光明媚、令人愉快的旅行，所以不妨跟著我們的腳步，看看我們這次又去了哪些好玩的地方吧！

F.R.AH

開車小叮嚀

　　目前臺灣的護照在東歐亞得里亞海、巴爾幹地區都已經免簽，只有塞爾維亞除外，可以說相當方便。要特別說明的是，蒙特內哥羅雖然比照歐盟給予免簽，但需要先「報備」：至外交部網站下載申請表格，接著依照表格內容填寫清楚，註明預計入境時間與關口等資訊，再將申請書掃描成電子檔案後，寄到特定電子信箱即可，相當簡單（P012）。

　　寄出申請書後，最好再打電話過去確認對方是否有收到比較保險，最重要的是，這些申請文件都要保留好並隨時帶在身上，若遇到所申請文件沒有被送到指定關口時，可以憑原始文件證明你有申請合法入境，如此一來就不致於被刁難而得以順利入境。再次強調，入境通報是旅遊蒙特內哥羅最重要的事，不然會敗興而歸喔！

　　此外，東歐有些國家 GPS 的地圖並沒有 100% 涵蓋，如 TomTom 歐洲地圖在蒙特內哥羅與波士尼亞都有這種問題，所以最好還是另外準備一下離線地圖，會比較保險。

布列德湖

看吧，不是只有我賴著不想走啊！

景點導覽

布列德湖　Bled

　　布列德湖位於斯洛維尼亞北方，離該國首都盧布爾雅那約 55 公里處，離機場更是只要約 30 分鐘的車程。整個湖面其實不大，但卻美得像幅畫，也像首詩，只見布列德湖被群山環繞，湖中有一修道院，湖的一側則是一座城堡，畫面十

分美麗，氣氛也十分悠閒，連湖
中的水鴨也能感染到這氣氛，走
著走著忽然覺得人也慵懶起來，
好想在此打發一整個下午。

 Data

布列德湖
◎ GPS 座標：46.364, 14.093
◎ 開放時間：全天開放
◎ 票價：免費

多洛米蒂山脈 Dolomiti

多洛米蒂山脈有著造形獨特的峻峭山壁，所以也被聯合
國教科文組織登錄為世界自然遺產。多洛米蒂山脈名峰成群，
尤其又以拉瓦雷度山（Tre Cime di Lavaredo）最有名氣，從科
爾蒂納丹佩佐（Cortina d'Ampezzo）有公路直接上山。此外從
科爾蒂納丹佩佐到拉維拉（La Villa）再到奧蒂塞伊（Ortisei），
可以說是多洛米蒂山脈最有人氣的景觀路段，這一段景觀道
路也被稱為多洛米蒂大道（Struda Delle Dolomiti），由於住宿
時女主人的大力推薦，所以我們這次特地花了半天的時間以
十分悠閒的方式走完這一段，開車行駛其間無非是莫大的視
覺享受。

不過由於從科爾蒂納丹佩佐到奧蒂塞伊，之後往南到波
扎諾（P115），再前往接下來要去的東歐會多繞很多路，所
以最後決定反過來走，從拉瓦雷度山下山後直接走 SS49 後往
南到聖維吉利奧（San Vigilio），再經過「山背」小繞一下到
奧蒂塞伊，然後一路回到科爾蒂納丹佩佐，從這裡前往斯洛
維尼亞就能夠節省很多路程，同時又可以把上次前往多洛米
蒂山脈因氣候不佳的遺憾給彌補回來。

義大利阿爾卑斯山區的青山綠水

義北往多洛米蒂大道

Misurina 湖

午後雲霧繚繞，如同仙境

拉瓦雷度山登山公路景色

拉瓦雷度山登山公路遠眺群山

拉瓦雷度山（Photo by Mr. Davor Bazulic）

Selva di Val Gardena 到拉維拉

Data

多洛米蒂山脈

◎ 交通：前往多洛米蒂山脈可走多洛米
蒂大道或山背路線（P114），另外有
纜車直上多洛米蒂最高峰：雲石峰
（Marmolada），也可在此飽覽群峰

Selva di Val Gardena 小鎮

拉瓦雷度山
◎ 停車場 GPS 座標：停車場 46.613, 12.295，Misurina 湖 46.582, 12.254
◎ 費用：停車場每部車子 € 20
◎ 交通：從 Misurina 湖往山上行駛即可抵達拉瓦雷度山的登山公路。
　或從科爾蒂納丹佩佐、多比業科（Dobbiaco Toblach）走 SS51 轉 SS48
　也可上山

Info

從科爾蒂納丹佩佐到波札諾是欣賞多洛米蒂山脈最壯觀的路線
之一，即多洛米蒂大道，幾座最知名的山峰均位在景觀公路兩
側，建議行車路線及 GPS 座標為：
科爾蒂納丹佩佐：46.537, 12.137
Lagazuoi S.P.A：46.519, 12.009
拉維拉：46.582, 11.901
Selva di Val Gardena：46.554, 11.760
奧蒂塞伊：46.573, 11.674
波札諾：44.494, 11.347，往南即可前往米蘭或威尼斯

第里雅斯特一景

港口與市政廳廣場

第里雅斯特 Trieste

　　第里雅斯特是義大利東北部靠近斯洛維尼亞邊境的一個
港口城市，也是義大利在亞得里亞海的重要港口，在這裡可
以欣賞到美麗的海景與港口風光。在地理位置上，第里雅斯
特已經非常靠近斯洛維尼亞邊境，可作為東歐之旅的起點。

Data

第里亞斯特市政廳廣場
◎ GPS 座標：45.650, 13.767

皮蘭碼頭

塔替尼廣場與市政廳

皮蘭　Piran

皮蘭緊臨第里雅斯特灣，是斯洛維尼亞西南方的一個小漁港，也是該國的最西點，知名的作曲家塔替尼（Giuseppe Tartini）即出生在這個小鎮，所以鎮上有個以他為名的廣場，並立有雕像以茲紀念。皮蘭市區雖然很小，但非常迷人，不僅有美麗的漁港風光，還有海灘可供戲水，從碼頭到燈塔這一段海岸盡是咖啡雅座，漫步其間除了迎面而來的海風徐徐外，其餘盡是一整個悠閒彌漫⋯⋯。

前往燈塔的咖啡雅座

Data

皮蘭
◎ GPS 座標：外圍停車場 45.520, 13.569
◎ 交通：前往皮蘭必須先將車子停在外圍停車場，再搭免費接駁車

羅維尼　Rovinj

原本我們在多洛米蒂山區小繞一下多花了半天的時間，理論上是要多趕點路才對，但一路往南的路上，總會不斷出現羅維尼的廣告在向你招手，這個地方其實不在原本的行程規劃裡，而我也清楚克羅埃西亞還有很多類似的景點在等著我們去拜訪，但最後還是受不了誘惑，很不爭氣地打了方向燈，順

羅維尼一景

勢轉進這個美麗的小鎮。羅維尼這個地方是一塊凸出來的海角，中間地勢最高，建有一座教堂並設有一座高聳的鐘塔，而整個小漁村很整齊地圍繞著教堂而建，從高空望去非常美。其實亞得里亞海沿岸有許多美麗的小鎮，等著你慢慢發掘、體會。

Data

羅維尼
◎ GPS 座標：45.083, 13.634

廣場上與市政廳相鄰的奧古斯都神殿

普拉圓形劇場

普拉 Pula

　　普拉位於克羅埃西亞伊斯拉（Istra）半島南端，也是重要的港口之一，從普拉可搭船前往布里尤尼（Brijuni）群島，目前也已成立為國家公園。普拉最吸引觀光客的，要算是建於羅馬帝國時代的圓形劇場（Amfiteatar），雖然不如羅馬競技場有名，但此劇場目前仍然供藝文表演使用，由於位在港口旁，也因此吸引很多遊客前來欣賞。此外，位於市政廳旁的奧古斯都神殿（Augustov hram）也是普拉必遊的景點。

Data

圓形劇場
◎ GPS 座標：44.873, 13.850
◎ 開放時間：6/1 至 9/30 08:00~21:00，10/1 至 5/31 08:30~16:30
◎ 票價：kn40

奧古斯都神殿
◎ GPS 座標：44.870, 13.842
◎ 開放時間：5 至 10 月周一至周五 09:00~20:00，周六、周日 09:00~15:00
◎ 票價：kn10

克爾卡國家公園　Krka National Park

克爾卡國家公園最有名的瀑布

　　克羅埃西亞有兩處以「梯湖」聞名的國家公園，梯湖的形成是因為每個湖的高度都不同，所以由高往低流下如階梯又形成湖。除了大家耳熟能詳的「十六湖國家公園」（P166）外，另外一個就是克爾卡國家公園，這兩個國家公園都有很豐富的水文觀光資源，唯一不同的是克爾卡國家公園允許遊客入內戲水，所以一到炎炎夏日，整個國家公園人滿為患，許多遊客會攜家帶眷，一同前往享受這種通體暢快的沁涼感。

聖雅各大教堂

　　克爾卡國家公園因克爾卡河流經其間而得名，園區面積高達 109 平方公里，所以自然生態極為豐富，又因為兼具文化教育特色，故於 1985 年成立國家公園至今。由於園區位於史賓尼克（Šibenik）郊區約 15 公里處，市區還有一座世界文化遺產：聖雅各大教堂（Katedrala sv. Jakova），這是一座白色系，集文藝復興與哥德式風格為大成的建築，十分莊嚴而優雅，不妨順道一遊。

Data

克爾卡國家公園
◎ GPS 座標：停車場 43.796, 15.967
◎ 網址：www.np-krka.hr
◎ 開放時間：11/1 至 2/28 09:00-16:00，3/1 至 10/31 08:00-19:00
◎ 票價：6 至 9 月 kn110，3 至 10 月 kn90，11 至 2 月 kn30
◎ 交通：可從史賓尼克開車前往克爾卡國家公園停車場，再搭遊園專車進入公園內

聖雅各大教堂
◎ GPS 座標：43.736, 15.889
◎ 網址：whc.unesco.org/en/list/963
◎ 開放時間：夏季 09:30-20:00，冬季 09:30-18:30
◎ 票價：免費

史普利特　Split

　　史普利特最有名的景點是始建於羅馬帝國時期的戴克里先宮（Diocletian's Palace），整個宮殿建於西元 295 年，所以

宮廷劇

至今已有 1,700 多年的歷史，羅馬帝國皇帝戴克里先於 55 歲時因飽受長期病痛所苦而選擇退位，他當時就居住在今天的史普利特宮殿裡，晚年失去權勢後更因被元老院指責為罪犯而在此抑鬱以終，享年 62 歲。戴克里先宮先後曾因外族入侵而受到破壞，所幸今日已大致整修完畢，並於 1979 年登錄為世界文化遺產，成為整個舊城區最重要的景點。

現在的戴克里先宮大教堂廣場前，會有古代武士供遊客拍照，等正午 12:00 鐘聲一響，所有武士便會齊聚臺上，合演一齣宮廷劇娛樂大家，再一起退朝休息。

 Data

　戴克里先宮
◎ GPS 座標：43.508, 16.440
◎ 開放時間：大教堂 07:30-19:00，洗禮室 08:00-20:00
◎ 票價：大教堂免費，鐘塔 kn10，寶藏室 kn 15，洗禮室 kn5
◎ 交通：可先將車子停在舊城區前的碼頭區，再步行前往

亞得里亞海 Adriatic Sea

亞得里亞海位於義大利半島與東歐之間，以西是義大利，往東則分別屬於斯洛維尼亞、克羅埃西亞、波士尼亞、蒙特內哥羅和阿爾巴尼亞，所以從義大利第里雅斯特出發，至蒙特內哥羅這一路，都會沿著亞得里亞海前進，這是一段非常優美的海岸風光，尤其克羅埃西亞有很長的海岸線，有時候

克羅埃西亞的海岸線

從史普利特前往克國杜布羅夫尼克（Dubrovnik）間的亞得里亞

亞得里亞海

亞得里亞海

車子不經意轉進來就會發現別有洞天的美麗
世界，建議可以將車速放慢好好欣賞一番。

杜布羅夫尼克 Dubrovnik

　　杜布羅夫尼克所在的這一片國土雖隸
屬於克羅埃西亞，但其實並沒有與克羅埃西
亞主要領土相連，所以要前往這裡，必須先
進入波士尼亞，才會再次進入克羅埃西亞。
不過不同於俄羅斯與波羅的海三國的情形，

亞得里亞海一景

這裡沒有簽證的問題，循著車道行駛就可以再次進入克羅埃
西亞的領土。杜布羅夫尼克有著亞得里亞海明珠之稱，整個
舊城區與美麗的海景相輝映，造就其不可多得的小鎮風光，
HBO 熱門影集《權力遊戲》便在此取景，整個舊城區也於
1979 年登錄為世界文化遺產。

杜布羅夫尼克碼頭風光

杜布羅夫尼克舊城入口

杜布羅夫尼克舊城

杜布羅夫尼克舊城

遠眺杜布羅夫尼克舊城

杜布羅夫尼克與亞得里亞海

Data

杜布羅夫尼克舊城區
◎ GPS 座標：42.643, 18.108
◎ 票價：舊城區免費，城牆 kn50、聖方濟修道院（Franjevački samostan）kn
　 30、總督府（Knežev dvor）kn 40、史邦札宮殿（Palača Sponza）kn 20
◎ 注意：參觀杜布羅夫尼克舊城區，須先將車子停在城牆外

柯托爾灣

柯托爾灣的遊艇與郵輪流其間

柯托爾灣

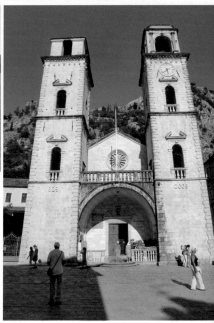

舊城區內的聖特肋弗教堂（Cathedral of Saint Tryphon）

柯托爾灣 Kotor Bay

　　從杜布羅夫尼克往南行駛 30 多公里，即可以來到蒙特內哥羅，而再繼續往南走，就會來到亞得里亞海於蒙特內哥羅一處深入內陸的海灣，海灣盡頭即為柯托爾，其緊臨的海灣也因此名為柯托爾灣。柯托爾舊城建於山壁之下，環抱城區的城牆甚至延伸至 20 公尺高的山壁上，可稱得上是工程浩大。柯托爾整個灣區也因獨特的自然與文化特色，而登錄為世界文化遺產。

Data

　　柯托爾舊城區
◎ GPS 座標：入口 42.425, 18.770
◎ 票價：舊城區免費參觀，城牆€ 2

聖斯特凡島 Sveti Stefan

聖斯特凡島位於布德瓦（Budva）南方約 9 公里處，島上目前規劃為蒙特內哥羅境內有名的飯店與度假村，不少名流雅士都曾住在這裡。四面環海的聖斯特凡島其實頗有法國聖米歇爾山的味道，只是遠不及聖米歇爾山名氣響亮。然而在進島前的迷人沙灘與一整排的躺椅，卻讓人忍不住想要捲起褲管下去玩玩水、踩踩沙並晒晒太陽……。

黃昏的聖斯特瓦島

Data

聖斯特凡島
◎ GPS 座標：42.256, 18.891
◎ 網址：www.aman.com

斯庫臺湖 Skadar

蒙特內哥羅的首都波德戈里察（Podgorica）整個市區幾乎毀於第二次世界大戰，現在是一個重建的城市，所以市區也沒有什麼重要的觀光景點，對於一個首都而言實屬罕見。不過，波德戈里察鄰近該國境內第一大湖「斯庫臺」，前往波德戈里察之前不妨先轉進來欣賞一下美麗的湖面風光，尤其位於采蒂涅（Cetinje）與波德戈里察間的一處私人祕境，河水 180 度的大轉彎美得令人讚賞，最後注入斯庫臺湖，也就是蒙國與阿爾巴尼亞之間的界湖。

蒙特內哥羅傳統民族服裝

Data

斯庫臺湖
◎ 交通：要前往斯庫臺湖上游的 180 轉彎處，須從采蒂涅轉入里耶卡・卡諾亞維卡（Rijeka Cmojevića）這個小村莊，由於無明顯指標，最好依 GPS 座標 42.362, 19.058 前往

斯庫臺湖上遊小鎮里耶卡．卡諾亞維卡（Rijeka Crnojevića）

斯庫臺湖上遊小鎮里耶卡．卡諾亞維卡（Rijeka Crnojevića）

杜米托爾國家公園
Durmitor National Park

　　杜米托爾山脈位於蒙特內哥羅西北部，全區面積廣達 339 平方公里，海拔逾 2,000 公尺的山峰一共有 48 座，其中包括蒙特內哥羅境內最高峰，海拔 2,522 公尺的波波托弗庫克峰（Bobotov Kuk）。

　　12 月至 3 月的杜米托爾是歐洲著名滑雪勝地，而在夏季則適合來此健行與野外踏青，喜歡追求刺激的遊客更可來此享受急流泛舟的樂趣，由於杜米托爾國家公園的地貌是由冰川所形成，並且有河川與伏流縱橫其中，整個國家公園內有三座令人驚嘆不已的峽谷，其中塔拉（Tara）河峽谷更擁有歐洲最深的峽谷之稱，達 1,300 公尺，也是歐洲最知名的泛舟路線，而塔拉河有近 50 公里的峽谷河段，全部被納入國家公園的範圍內，加以保護，足見當局對塔拉峽谷的重視。杜米托爾山區擁有廣大稠密的針葉林，其間散落著許多清澈的湖泊，其中又以黑湖（Crno Jezero）最具代表，這樣得天獨厚的環境也因此孕育種類繁多的特有生物。為此，蒙國於 1952 年成立杜米托爾國家公園，1980 年正式登錄為世界自然遺產。

　　杜米托爾國家公園的塔拉橋（Đurđevića Tara Bridge）全長 365 公尺，橋面由五座橋墩支撐橫跨塔拉峽谷，從橋上更可一飽塔拉峽谷風光，可以說是整個國家公園最著名的景點；杜米托爾最著名的景觀公路橫貫其間，由於以草原與特殊地

杜米托爾國家公園塔拉峽谷風光

塔拉橋

杜米托爾國家公園

杜米托爾國家公園

杜米托爾國家公園

杜米托爾國家公園前往波士尼亞的路上遠眺皮瓦湖
（Pivsko Jezero）

卡拉峽谷

見長,在欣賞完峽谷風光之餘
來此,迎著陣陣徐風會讓人有
耳目一新的感受。

Data
杜米托爾國家公園景觀公路　　　塔拉橋
◎ GPS 座標:43.099, 19.050　　◎ GPS 座標:43.150, 19.295
◎ 開放時間:全天開放
◎ 票價:€3

穆罕默德 · 帕夏 · 索科洛維奇古橋
Most Mehmed-paše Sokolovića

　　位於波士尼亞維舍格勒(Višegrad),
這座古橋來歷不小,是由鄂圖曼土耳其帝國
的首席建築師暨工程師米馬爾 · 希南(Mimar
Sinan)設計,土耳其境內許多建築都出自他
手,其中比較廣為人知的,是位於伊斯坦堡
市區的蘇萊曼清真寺,由於地位之崇高,希
南的肖像還曾放在土耳其 10,000 里拉鈔票的
背面。

穆罕默德 · 帕夏 · 索科洛維奇古橋在德里納(Drina)河
的倒影堪稱一絕

　　然而這樣顯赫的建築背景還不足以表彰
這座古橋的價值,1961 年獲諾貝爾文學獎的(前)南斯拉夫
籍作家伊沃 · 安德里奇(Ivo Andrić),便是以此為背景創作
《德里納河上的橋》(The Bridge on the Drina),這部描寫波
士尼亞人民在他族占領下,所度過的悲慘生活和反抗鬥爭故
事,也成為他的代表作,從此更讓這座古橋知名度大開,雖
然於大戰期間遭到破壞,
但如今也已整修完成,並
於 2007 年登錄為世界文
化遺產。

Data
穆罕默德 · 帕夏 · 索科洛維奇古橋
◎ GPS 座標:43.782,19.287

塞拉耶弗　Sarajevo

　　塞拉耶弗是波國首都與第一大城,受到
該國複雜的歷史背景影響,更是個集多種民
族、宗教與文化合而一體的城市,可以看到
許多融合東西風格的建築,彷彿基督教、伊
斯蘭教,甚至東正教與猶太教精華都齊聚在
此了,簡直就是個生動的戶外建築博物館。
除了種族多元外以外,別忘了 1914 年 6 月
28 日,正是在拉丁橋(Latinska ćuprija)邊

塞拉耶弗藝術學院(The Academy of Fine Arts Sarajevo)

聖心大教堂

拉丁橋

響起的槍聲，揭開了第一次世界大戰的序幕！

Data

相關 GPS 座標
◎ 藝術學院：43.856, 18.418
◎ 拉丁橋：43.858, 18.429

聖心大教堂（Katedrala srca isusova）
◎ GPS 座標：43.859, 18.425
◎ 開放時間：周一至周六 09:00-20:00
◎ 票價：免費

莫斯塔爾 Mostar

　　波士尼亞的莫斯塔爾古橋跨越聶雷托瓦（Neretva）河，始建於 1566 年，在 1993 年幾乎被炸毀，如今已整修完畢，也成為世界文化遺產，不過在莫爾斯塔的市區還可以看到大量的斷垣殘壁，供人遙想當年戰爭的殘酷無情。昔日戰事頻繁的巴爾幹半島地區，已從南斯拉夫分裂成今日的東歐諸國，如果這樣的分裂可以換來永遠的和平，我是很開心這個「歐洲火藥庫」有這樣的改變。

Data

莫斯塔爾古橋
◎ GPS 座標：43.337, 17.815

普利特維斯湖群國家公園
Nacionalni park Plitvička jezera

　　由 16 座大小湖泊組成，所以又有「十六湖國家公園」之稱，由於這個地方梯湖地形發達，而湖泊之間又有著一定的高度差，所以形成大大小小共 92 處瀑布。這個地方臺灣民眾應該不陌生，早年因一家南投民宿引用其照片而在網路上廣為流傳，因而聲名大噪。由於公園離克羅埃西亞首都薩格勒

世界文化遺產：莫斯塔爾古橋

莫斯塔爾古橋

布（Zagreb）只有 110 公里左右，所以每年吸引大量觀光客湧入，整個國家公園範圍廣大，最好安排一天的參觀時間，才能充分享受它令人著迷的自然景色。

Data

普利特維斯湖群國家公園
◎ GPS 座標：停車場 44.905, 15.611
◎ 網址：www.np-plitvicka-jezera.hr
◎ 開放時間：每日 07:00-20:00
◎ 票價：7/1 至 8/31 kn 180，4/1 至 6/30、
  9/1 至 10/31 kn 110，1/1 至 3/31、11/1 至
  12/31 kn55

普利特維斯湖群國家公園

Info

普利特維斯湖群國家公園交通
從停車場有遊園巴士可前往各個主要景點。
☆園區內 P1 與 P2 有船對開，P2 與 P3 也有船對開；而 St1 至 St4 間則提供遊園遊巴士服務。
☆從 St1 至 P3 這段步道為公園最精華的地區；另外 P2 下船後往上走即為三個梯湖步道，也是
　公園的另一處重要景點，這三個湖梯間有 St3 與 St4 兩站供遊園公車接駁。

普利特維斯湖群國家公園

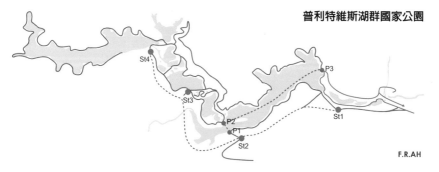

F.R.AH

托米斯拉夫廣場（trg Tomislava）的藝術館

薩格勒布地標：聖母升天大教堂

聖馬可教堂

薩格勒布 Zagreb

　　薩格勒布是克羅埃西亞的首都與第一大城，同時也是東歐重要交通中心，由於市區的景點略為分散，而且剛好位在小山丘上，所以不妨可以善用租車的方便性，好好暢遊這個美麗的古都，其中薩格勒布的地標「聖母升天大教堂」（katedrala Marijina Uznesenja），與屋頂有著美麗徽章的聖馬可教堂（sv. Marka crkva），都是不容錯過的景點。

Data

聖母升天大教堂
◎ GPS 座標：45.814, 15.979
◎ 開放時間：周一至周六 10:00-17:00，周日與國定假日 13:00-17:00
◎ 票價：免費

聖馬可教堂
◎ GPS 座標：45.816, 15.973
◎ 開放時間：彌撒期間開放，其他時間只開放大廳
◎ 票價：免費

托米斯拉夫廣場藝術館
◎ GPS 座標：45.807, 15.978
◎ 網址：www.umjetnicki-paviljon.hr
◎ 開放時間：11:00-20:00，周五延長至21:00。公休周一與特定假日
◎ 票價：kn50

盧布爾雅那城堡遠眺

盧布爾雅那舊城區市政廳與大教堂（Ljubljana Cathedral）

盧布爾雅那 Ljubljana

斯洛維尼亞首都盧布爾雅那的主要景點，都集中在派沙倫廣場（Prešernov trg）一帶，包括三合橋（Tromostovje）、市政廳，以及位於小山丘上的盧布爾雅那城堡，登上城堡頂可以遠眺整個美麗的市區，屆時你會忽然發現，盧布爾雅那竟是個如此小巧可愛的美麗城市。

盧布爾雅那三合橋所在的派沙倫廣場，圖為聖方濟教堂（Franciscan Church）

Data

三合橋／派沙倫廣場
◎ GPS 座標：46.051, 14.506
◎ 注意：參觀舊城區最好將車子停在外圍後徒步前往

盧布爾雅那城堡
◎ GPS 座標：46.049, 14.508
◎ 網址：www.ljubljanskigrad.si
◎ 開放時間：1 至 3 月、11 月 10:00-20:00，4、5、10 月 09:00-21:00，6 月至 9 月 09:00-23:00，12 月 10:00-22:00
◎ 票價：免費

路線一：北歐四國　路線二：德奧捷
路線三：東歐六國與希臘義大利

大區域多國行程規劃

路線一：北歐四國

　　北歐四國包括丹麥、芬蘭、瑞典與挪威，這是個由峽灣、極光、森林、湖泊與午夜太陽所組合的美麗世界，其中挪威沿途自然風光明媚，是整個行程的精華所在，尤其西部峽灣區更被登錄為世界自然遺產，非常值得細心品味。6 月初的北歐時值融雪時分，一路下來盡是飛瀑殘雪，或許這正是北歐最美的季節了；另外這時候的北極圈，時序也已進入日不落地的永晝，彷彿有著欣賞不完的美景，加上氣溫舒適宜人，旅行其間更是令人流連忘返！

開車小叮嚀

　　北歐的道路品質極佳，行駛其間相當舒服，但沿途會設置一些測速照相機，尤其要進入市區前更常出現，為的是要保護當地居民的安全，所以進入市區一定要減速慢行。

　　挪威有很多自動收費路段，有點類似臺灣 ETC 電子收費系統，不少臺灣開車自助行的朋友，從挪威回國後皆有陸續收到帳單（包含租車公司手續費）的情形，所以建議要進入挪威前先在網上辦理 autopass 信用卡自動繳費，以避免後續與租車公司交涉等不必要的麻煩。申請 autopass 自動繳費可由以下連結辦理：www.autopass.no/en/visitors-payment。

挪威

DAY 6

DAY 7-8　阿比斯庫(Abisko)

羅浮敦群島(Lofoten)　**DAY 9**

DAY 5

北極圈(The Arctic Circle Centre)

羅凡米尼(Rovaniemi)

瑞典

芬蘭

DAY 10　蓋倫格峽灣(Geiranger)

DAY 11　約斯達冰河國家公園(Jostedalsbreen)

DAY 12　索格納峽灣(Sognefjord)

瑞典→芬蘭 （郵輪）　**DAY 3**　**DAY 4**　赫爾辛基(Helsinki)

DAY 13

DAY 15　奧斯陸

哈丹格峽灣 (Hardangerfjord)　**DAY 14**　莉絲峽灣(Lysefjord)

DAY 2　斯德哥爾摩

愛沙尼亞

俄羅斯

波羅的海

拉脫維亞

丹麥

DAY 1-1　**DAY 16**

哥本哈根　馬爾默(Malmö)

立陶宛

DAY 1-2

俄羅斯

白俄羅斯

德國

波蘭

荷蘭

F.R.AH

挪威融雪時分的溪水聲勢驚人震撼

芬蘭的湖光山色與午夜太陽

小美人魚像

哥本哈根的運河之旅可由新港出發

景點導覽

哥本哈根 Copenhagen

　　丹麥首都哥本哈根可謂全國最具代表性的城市，整個市區不算太大，有車代步可以很輕鬆遊覽小美人魚像（Den Lille Havfrue）、新港（Hyhavn）等著名景點，尤其是新港一帶鄰近丹麥王宮，再加上這個地方有非常美麗的運河風光與色彩鮮豔的木造房屋，實在會讓人忍不住想坐下來，好好喝杯咖啡，享受這片刻的悠閒。

Data

哥本哈根
◎ GPS 座標：新港 55.680,12.591，小美人魚像 55.693,12.599
◎ 交通：小美人魚像離市中心有段距離，開車前往欣賞還是最方便的選擇

馬爾默市政廳

HSB 旋轉中心大樓高 190 公尺，是北歐著名的地標

連接丹麥與瑞典間的厄勒海峽大橋

馬爾默 Malmö

從哥本哈根進入瑞典，會經過全長約 12 公里、跨越厄勒海峽（Øresund）的大橋，這座橋其中有近 4 公里會以隧道方式與丹麥端相連，所以整個過程是個十分特別的體驗，不過走這座橋的過路費相當昂貴，單程代價大約是臺幣 2,000 元左右（kr 395），不管去回都在瑞典端收費，有人工車道可收多國現金與信用卡。

在橋的另一頭是個兼具古典與現代美的城市：馬爾默，除了市政廳廣場廣受觀光客歡迎外，建於 1434 年的馬爾默城堡目前已整修成博物館與美術館，適合來此享受一趟豐盛的知性之旅；另外位於市區西北角的 HSB 旋轉中心大樓（The Turning Torso Building）是北歐相當有名的建築地標，由於鄰近海灣，所以也可在此遠眺壯觀的厄勒海峽大橋，尤其夕陽西下時，是一幅很美的畫面。

騎士島教堂

舊城區大廣場的諾貝爾博物館（Nobelmuseet）與現場樂隊演奏

斯德哥爾摩 Stockholm

當車子一開進斯德哥爾摩，便會忍不住被其獨特的港灣城市風光所吸引，這是一個鄰近波羅的海，由 14 座大小不同島嶼所組成的城市，所以整個市區範圍相對較大。

不過，主要景點都集中在舊城區所在地的騎士島（Riddarholmen）一帶，車行至此可以就近找停車位，以徒步的方式輕鬆遊覽主要景點，其中舊城區大教堂（Storkyrkan）、王宮（Kungliga Slottet）、德國教堂（Tyska Kyrkan）、大廣場（Stortorget）與騎士島教堂（Riddarholms kyrkan）等，都是不容錯過的景點。

斯德哥爾摩至芬蘭

雖然瑞典與芬蘭的部分國土在北方接壤而鄰，然而這兩國大部分的領土還是被波羅的海分隔兩邊。要從斯德哥爾摩前往芬蘭首都赫爾辛基（Helsinki），除了直接由瑞典北上繞過波羅的海後再南下以外，最輕鬆、簡單且省時的方法，是直接搭船前往芬蘭土庫（Turku），再前往赫爾辛基。

☆從斯德哥爾摩至土庫可搭乘 Viking Line，一天早晚各一班、兩地同時對開；或搭乘 Tallink Silja Line，平均費用略高，但服務品質還不錯。當然斯德哥爾摩也有船直接前往赫爾辛基，可視個人行程決定。

☆Viking Line 郵輪停靠處停在 Stadsgården Tegelvikshamn 碼頭（59.318,18.090），Tallink Silja Line 郵輪則停在市區東北方 Värtahamnen 碼頭（59.351,18.111）；搭乘前務必確認。

☆欲比價購買船票可至：www.directferries.co.uk，或至 Viking Line（www.sales.vikingline.com）、Tallink Silja Line（www.tallinksilja.com）官網購買，都相當方便。

從斯德哥爾摩到芬蘭的航行途中，可以看見許多郵輪穿梭其間，主要往來於瑞典、芬蘭與愛沙尼亞之間

赫爾辛基 Helsinki

從土庫往東開近兩個小時的車程、約 165 公里，即可來到芬蘭首都赫爾辛基，位於市區東南方的芬蘭堡（Suomenlinna）由四座島嶼組成，這是一座軍事防禦型的城堡，如今也登錄為世界文化遺產，可以說是赫爾辛基最重要的旅遊景點。此外，位於市集廣場附近的赫爾辛基大教堂（Tuomiokirkko），與號稱北歐最大的烏斯佩斯基大教堂（Uspenskin katedraali）也

赫爾辛基的碼頭區

岩石教堂

烏斯佩斯基大教堂

是不容錯過的重點。

在離開赫爾辛基前，記得前往岩石教堂（Temppeliaukion kirkko），這座教堂從外觀看去只見綠色屋頂下的石塊結構，實在很難想像這就是一座教堂，但走進去的那一刻，便可以感受到教堂本身所帶來的神聖與寧靜，同時會立刻被這份祥和與莊嚴所感染，都來到這裡了還不進來親自體會，實在十分可惜。

Data

芬蘭堡
◎ GPS 座標：渡輪站 60.167, 24.979
◎ 網址：www.suomenlinna.fi
◎ 開放時間：遊客中心每日 5 至 9 月 10:00-18:00，10 至 4 月 10:00-16:00
◎ 票價：登島免費，博物館€ 6.5。渡輪來回€ 5（12 小時內）

烏斯佩斯基大教堂
◎ GPS 座標：60.168, 24.960
◎ 網址：www.helsinginkirkot.fi
◎ 開放時間：周二至周五 09:30-16:00，周六 10:00-15:00，周日 12:00-15:00。公休周一與教會時間
◎ 票價：免費

赫爾辛基大教堂
◎ GPS 座標：60.170, 24.952
◎ 網址：www.helsinginkirkot.fi
◎ 開放時間：6 至 8 月 09:00-24:00，9 至 5 月 09:00-18:00。教會時間不對外開放
◎ 票價：免費

岩石教堂
◎ GPS 座標：60.173, 24.925
◎ 網址：www.helsinginkirkot.fi
◎ 開放時間：周一至周五 10:00-20:00，周六 10:00-18:00，周日 12:00-13:45、15:30-17:45
◎ 票價：免費
◎ 注意：位於赫爾辛基市區西北方

羅凡米尼 Rovaniemi

芬蘭境內大大小小的湖泊總共有 18.8 萬個，占國土面積約 10%，故一直有「千湖之國」之稱，當車子離開赫爾辛基一路往北時，不時經過的成群湖泊更可感受到這個美譽絕非

千湖之國，芬蘭

羅凡米尼的耶誕老人村離臺北 7,804 公里

耶誕老人村

北極圈緯度 66° 32' 35" 通過耶誕老人村

浪得虛名。雖非盛夏，但當地的大人與小朋友早已在湖中游泳、戲水起來，這是一個十分愜意與舒服的國度，加上芬蘭的林相整齊優美，行車之間不知不覺中已來到耶誕老人的故鄉，羅凡米尼村，這個小鎮可以說因耶誕老人村（Santa Claus Village）而聞名於世，同時因為有北極圈通過，所以也成為羅凡米尼必遊的景點，當然啦！和藹可親的耶誕老公公更是最受所有小朋友歡迎的人物。

跟耶誕老人拍完照的學生

Data

耶誕老人村
◎ GPS 座標：66.544, 25.847
◎ 網址：www.santaclausvillage.info
◎ 開放時間：1/8 至 5/31 10:00-17:00，6/1 至 8/31 09:00-18:00，9/1 至 11/30 10:00-17:00，12/1 至 1/7 09:00-19:00
◎ 票價：免費
◎ 交通：位於羅凡米尼東北方 10 公里處，循 E75 號公路朝 Kemijärvi 方向約行駛 10 分鐘即可到達

前往阿比斯庫途中的托訥湖（Torneträsk）

阿比斯庫國家公園的國王小徑風光

阿比斯庫一帶的北國風情

阿比斯庫一帶的北國風情

前往羅浮敦群島途中的湖光雪景（挪威）

前往羅浮敦群島途中的湖光雪景（挪威）

托訥湖

阿比斯庫 Abisko

　　從羅凡米尼往西行即會再次進入瑞典的領土，在 GPS 的帶領下，越往西行地勢越高，也漸漸進入阿比斯庫國家公園的範圍。這個國家公園境內有著瑞典第一高峰：凱布訥山（Kebnekaise），而園內有條非常有名的登山步道：國王小徑

（Kungsleden），全長約 440 公里，甚至可通往凱布訥山，是瑞典境內非常受歡迎的登山健行路線，推薦給喜愛大自然的遊客前往。6 月初的阿比斯庫冰雪未融，車行期間的雪山冰湖與北國風光實在令人驚嘆連連。

> **Data**
> 阿比斯庫國家公園
> ◎ GPS 座標：68.359, 18.783
> ◎ 網址：www.abisko.nu
> ◎ 開放時間：全年開放，但有些步道或設施會因季節關閉
> ◎ 票價：免費
> ◎ 注意：遊客中心有提供住宿與餐飲服務，且從遊客中心出發即可前往著名的國王小徑

羅浮敦群島 Lofoten

羅浮敦群島全區位於北極圈內，但受惠於海洋的影響，氣溫比同樣緯度的地區如阿拉斯加要明顯溫暖許多，又因為其獨特多變的地形，一直是當地人最喜歡的旅遊景點之一，更數次被許多旅遊雜誌評選為全世界最美麗的地方之一，不論是海灣漁港、峻峭山峰、鬱鬱森林、甚至是成群的野生麋鹿等，開車行駛其間都是無比的享受，是一個去過還會想再去的地方。

> **Info**
>
> 羅浮敦群島與挪威本島之間的交通除了汽車以外，也可以利用渡輪以節省時間。兩地間的主要航行路線有：
> ☆莫斯克內斯（Moskenes）→博多（Bodø），航程約 3 至 4 小時，成人 kr187、汽車 kr672（車長 6 公尺以內）
> ☆斯沃爾韋爾（Svolvær）→斯庫維克（Skutvik），航程約 2.5 個小時，成人 kr99、汽車 kr339（車長 6 公尺以內）
> ☆勒丁恩（Lødingen）→波尼斯（Bognes），航程 1 小時，成人 kr65、汽車 kr208（車長 6 公尺以內）
> 以上各航線相關時刻與票價資訊可參考以下網站：www.lofoten. info。從羅浮敦群島也可以依原路回到納爾維克（Narvik），再往南從 Skarberget 搭渡輪抵達波尼斯，成人 kr 37、汽車 kr102（車長 6 公尺以內）。到波尼斯就可以南下往奧斯陸方向前往峽灣區。

進入羅浮敦群島前的湖光倒影

羅浮敦營地

羅浮敦群島風光

羅浮敦群島風光

羅浮敦群島的野花與雪山

羅浮敦的漢寧斯菲爾（Henningsvær）是一個非常美麗的小漁村

峽灣區非常典型的直峭山壁

挪威羅浮敦群島的雷訥（Reine）是整個群島中最後的驚喜

「奧村」（Å）是整個群島中最遠的一個村落，捕魚、晒魚乾是當地漁民重要的經濟活動之一

午後的羅浮敦群島

Data

羅浮敦群島主要村落
漢寧斯菲爾
◎ GPS 座標：68.151, 14.201
◎ 交通：從卡伯爾沃格（Kabelvåg）往西／往南方向續行約 10 公里左右，由 E10 公路轉進 816 號公路，要注意岔路口以免錯過

雷訥
◎ GPS 座標：67.933, 13.089
◎ 交通：沿 E10 公路往南朝奧村的方向行駛便可抵達

奧村
◎ GPS 座標：67.881, 12.978
◎ 交通：循著 E10 公路往南開到底即可抵達
◎ 注意：「奧」（Å）這個字在挪威語就是「最遠的地方」

羅浮敦群島的野生麋鹿

Info

挪威峽灣區

　　峽灣是百萬年前冰河時期的產物，當厚重的冰河長期流動時，重量會磨蝕山壁與河床，造成陡峭的山壁與深谷。除了北歐以外，紐西蘭南島、阿拉斯加、智利與冰島、格陵蘭都看得到這種地形。

　　在挪威峽灣區往來兩岸的交通常常要靠渡輪，幾乎是固定時間兩岸對開，價錢不算太貴，除了是很方便的交通工具外，也適合以此欣賞壯麗的峽灣風光。

挪威的山坡房舍，外觀用色鮮明大膽

北歐有好幾處北極圈中心，但一反芬蘭、瑞典的風和日麗與燦爛陽光，挪威北極圈是一片冰封世界！

北極圈遊客中心

準備離開北極圈後，往南前往峽灣區

北極圈與永晝

由於地球是以一定的傾斜角度繞著太陽運行，所以在夏季時分當地球向太陽方向傾斜時，整個北極圈會完全曝露在陽光下而形成永晝；此時南極圈則為永夜。這種奇景只在特定時間發生在南、北極圈內，格外珍貴。

Data

北極圈遊客中心（The Arctic Circle Centre）
◎ GPS 座標：66.551, 15.320
◎ 網址：www.polarsirkelsenteret.no
◎ 開放時間：5/1 至 9/10 08:00-22:00
◎ 交通：位於摩城（Mo I Rana）以北 80 公里處的 E6 號公路上

挪威木造教堂

從北極圈一路往南前往峽灣區時，在杜姆奧斯（Dombås）會遇到此行的第一座木造教堂。北歐除了芬蘭有神奇的岩石教堂以外，挪威峽灣區更有許多非常特殊的木造

教堂，有些深具代表性的教堂已被登錄為世界文化遺產，迪士尼動畫《冰雪奇緣》（Frozen）部分場景靈感，即來自這些北歐的木造教堂。

松恩峽灣（Sognefjorden）上除了凱于龐傑爾（Kaupanger）木造教堂外，還有一座登錄世界文化遺產的厄爾內斯（Ornes）木造教堂，連同博爾貢（Borgund）木造教堂，可在欣賞雪之路景觀公路（P190）時安排前往。另外，從莉絲峽灣（Lysefjord）回奧斯陸途中，在抵達海達爾（Heddal）前，會經過此行最後一座木造教堂（P193），對教堂有興趣的朋友，不妨於行程中安排前往。

杜姆奧斯木造教堂

凱于龐傑爾木造教堂

Data

杜姆奧斯木造教堂
◎ GPS 座標：62.075, 9.124
◎ 開放時間：全天開放
◎ 票價：免費

凱于龐傑爾木造教堂
◎ GPS 座標：61.184, 7.233
◎ 開放時間：6/9 至 9/30 09:30-17:30
◎ 票價：kr60

厄爾內斯木造教堂
◎ GPS 座標：61.298, 7.322
◎ 開放時間：5/2 至 9/30 10:30-17:45
◎ 票價：kr80
◎ 注意：渡輪費用成人 kr33，汽車 kr90

博爾貢木造教堂
◎ GPS 座標：61.047, 7.812
◎ 網址：www.stavechurch.com
◎ 開放時間：6/11 至 8/21 08:00-20:00，其他 10:00-17:00
◎ 票價：kr 80
◎ 交通：從萊爾達隧道（Lærdal Tunnel）北口往東朝博爾貢方向行駛約 20 公里即可抵達

海達爾木造教堂
◎ GPS 座標：59.579, 9.176
◎ 開放時間：5/20 至 6/19、8/21 至 9/10 10:00-17:00，6/20 至 8/20 09:00-18:00
◎ 票價：kr 70

精靈之路 Trollstigen

精靈之路與老鷹之路（Ørnesvingen）都是挪威非常有名氣的景觀公路，尤其精靈之路以驚險的山路聞名，甚至被評選為全球 21 條最佳景觀公路之一，每年總是吸引許多遊客前來探索。前往精靈之路可由 E6 公路轉 E136 公路，在抵達翁達爾斯內斯（Åndalsnes）前，再轉進 63 號公路往蓋倫格（Geiranger）峽灣旁的小村莊瓦爾達爾（Valldal）方向即可。

E136 精靈之路的途中到處都是飛瀑垂掛山頭，是雪融時期才有的景色

精靈之路最精華的一段

精靈之路上野花與湖光山色

精靈之路與史地佛森（Stigfossen）瀑布

挪威山澗的溪水清澈湍急

其實從 E136 號公路就開始進入挪威峽灣區的精華，沿途美景不絕，不妨把車速放慢，盡情享受挪威的自然風光吧！

 Data

精靈之路
◎ GPS 座標：62.455, 7.672（同史地佛森瀑布）

精靈之路→老鷹之路
◎ 渡輪（Eidsdal-Linge）：成人 kr 29，汽車 kr 70（車長 6 公尺以內）

—— 精靈之路
—— 老鷹之路

挪威峽灣區

翁達爾斯內斯

E136

瓦爾達爾
埃茲達爾

蓋倫格峽灣

F.R.AH

從精靈之路須搭乘渡輪才可以前往老鷹之路

瞭望臺

挪威峽灣為世界自然遺產，蓋倫格附近另設有遊客中心

從遊客中心可以遠眺整個蓋倫格小鎮與峽灣

老鷹之路 Ørnesvingen

　　相較於精靈之路的險峻，老鷹之路則多了一份溫柔，
然而卻依舊迷人。從瓦爾達爾搭渡輪到對岸的埃茲達爾

（Eidsdal）即可接上老鷹之路，老鷹之路往南在抵達蓋倫格峽灣之前會先看到瞭望臺，這個地方是欣賞蓋倫格峽灣的最佳地點，不論是壯麗的峽灣或是小鎮風光，都可以在此一覽無遺。

老鷹之路
◎ GPS 座標：瞭望臺 62.126, 7.166
◎ 交通：從瓦爾達爾沿 63 號公路搭渡輪過蓋倫格峽灣；或由挪威首都奧斯陸（Oslo）方向走 E6，往北轉 15 號公路，也可銜接 63 號公路

蓋倫格峽灣
◎ GPS 座標：遊客中心（Norwegian Fjord Centre）62.096, 7.210
◎ 網址：www.verdsarvfjord.no
◎ 開放時間：5/1 至 8/31 每日 10:00-18:00，9/1 至 12/15 周一至周六 10:00-15:00
◎ 票價：kr 110
◎ 交通：從蓋倫格小鎮沿 63 號公路往斯特林（Stryn）方向行駛約 1.2 公里

奧爾登 / 約斯達冰河國家公園 Olden / Jostedalsbreen

從蓋倫格到奧爾登一帶已算是進入斯堪地那維亞半島的脊梁，也就是基阿連山（Kjølen）的中心地帶，附近因此成立了好幾座以山岳為主題的國家公園，而這條路線基本上就是在約斯達冰河國家公園的範圍裡，同時也會從蓋倫格峽灣來到北峽灣，景色之美自然不在話下，即使這一路下來已經不斷在欣賞挪威的冰雪美景，還是美得令人振奮無比。

約斯達冰河是歐洲大陸最大的冰河，全長約 212 公里，總面積達 487 平方公里，磅礴壯麗無比，值得健行前往；其中北峽灣與奧爾登附近的布莉克絲達冰河（Briksdalsbreen Glacier），雖然只是整個約斯達冰河的支流，但卻是挪威幾個冰河中比較容易親近的一個，不過還是要爬一段山路才看得到冰河全貌。

從蓋倫格峽灣繼續往南前往北峽灣的路上也是一片冰雪世界

前往北峽灣的路上

前往北峽灣的路上

從蓋倫格峽灣往南前往北峽灣的路上

挪威房子雖然簡單樸實，但在群山萬壑中十分可愛迷人

北峽灣一景

布莉克絲達冰河

布莉克絲達冰河注入的奧爾德湖（Oldevatnet）與北歐精靈

奧爾德湖

布莉克絲達冰河
◎ GPS 座標：步道停車處 61.663,6.822
◎ 開放時間：全天開放，但要留意季節性道路情況
◎ 票價：冰河免費，旺季時可能需要支付停車費用
◎ 交通：由蓋倫格峽灣走 63 號公路往南轉 15 號公路，前往斯特林
　　方向轉 60 號公路到奧爾登，再轉 Fv274 公路行駛約 22 公里抵達
　　停車場，再往上走約 45-60 分鐘

雪之路 Fv243

挪威峽灣區從松達爾（Sogndal）到佛拉姆（Flåm）之間有群山橫斷其間，其對外聯絡道路有二：一是全世界最長的萊爾達隧道（Lærdal Tunnel），另一條則是翻山越嶺與萊爾達隧道上下交錯而過的雪之路景觀公路。當然，直接行駛隧道是最快的方式，不過我們還是選擇雪之路景觀公路慢慢領略挪威峽灣的峻與美。

從萊爾達隧道北口往東朝博爾貢方向行駛約 20 公里，即可抵達相當知名的博爾貢木造教堂。此外，萊爾達一帶所鄰近的松恩峽灣區，也散布許多知名的木造教堂（P185）。

古德凡根（Gudvangen）附近的納柔依（Nærøyfjord）峽灣及周邊地區已被登錄為世界遺產，有興趣的話可以直接從這搭船遊覽納柔依、艾于蘭（Aurland）這兩段世界級的峽灣風光。

雪之路
◎ GPS 座標：Stegastein 瞭望臺 60.908, 7.213
◎ 交通：由松達爾走 5 號公路，渡過索格納峽灣（Sognefjord）後約
　　9 公里，即可銜接雪之路
◎ 注意：從凱于龐傑爾到萊達爾間的渡輪費用是 kr31，汽車費用是
　　kr77

萊爾達隧道
◎ GPS 座標：北邊入口 61.064, 7.505
◎ 交通：由松達爾走 5 號公路，渡過索格納峽灣後約 16 公里，即
　　可抵達隧道入口

萊爾達接近松恩峽灣的碼頭風光

萊爾達隧道全長 24.5 公里，是全世界最長的公路隧道

雪之路春天限定的雪融瀑布

這段雪之路美得令人感到驚心動魄

從 Stegastein 瞭望臺遠眺松恩峽灣，時間停止流轉，萬物歸於死寂，彷彿能聽到大地的呼吸聲……

Stegastein 瞭望臺

從雪之路遠眺松恩峽灣的延伸，艾于蘭峽灣與山下的艾于蘭

艾于蘭峽灣

古德凡根一景

古德凡根一景

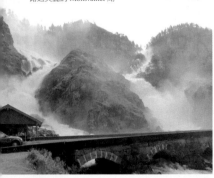

路過美麗的 Monsvatnet 湖

欣薩維克（Kinsarvik）附近一座跨越哈丹格峽灣的吊橋，橋的兩邊都是隧道正是這座吊橋最特別之處

拉佛森瀑布

聖壇岩是垂直轟立於莉絲峽灣的一座山石平臺，高 604 公尺，登頂展望奇佳

「記得要抓好我，不要讓我掉下去喔！」

從聖壇岩眺望莉絲峽灣壯麗無比，適合花一天的時間來挑戰

Part4

莉絲峽灣風光

莉絲峽灣風光

回奧斯陸途中的湖光倒影

回奧斯陸前最後的冰湖巡禮

哈丹格峽灣 / 莉絲峽灣 Hardangerfjord / Lysefjord

　　挪威峽灣區五個最知名的峽灣，除了蓋倫格、北峽灣與松恩外，從古德凡根到泰于（Tau）即可來到哈丹格峽灣與莉絲峽灣，當車行至沃斯（Vossevangen）後，便可沿著哈丹格峽灣抵達奧達（Odda），由此往南續行約 12 公里的拉佛森（Låtefossen）瀑布是絕對不容錯過的景點，只見兩注瀑布如萬馬奔騰般的氣勢合而為一，濺起瀰漫煙霧，震撼得不禁令人驚呼連連！喜歡挑戰極限的朋友，不妨來段「巨人之舌」（Trolltunga）健行之旅，肯定會帶著滿滿的回憶而歸。

　　由奧達前往泰于即可來到莉絲峽灣，這區有兩處較為人知的巨岩，除了被稱為奇蹟岩的謝拉格山（Kjeragboltn）外，另一處廣受遊客喜愛的即聖壇岩（Preikestolen）。在這來回 5 個小時的路程中可飽覽壯麗的莉絲峽灣風光，完善的步道設施十分適合扶老攜幼全家一同挑戰。從莉絲峽灣回奧斯

陸可以選擇往南繞過山區再往北沿海岸線回去，從 GPS 顯示這似乎是最快的方式；而我們則是選擇替代道路，往東北方向接 E134 號公路行駛回奧斯陸，抵達海達爾時別忘了欣賞挪威另一座有名的木造教堂（P185）。行車時間差不了多少，但有著小小驚喜。

拉佛森瀑布
◎ GPS 座標：59.948, 6.584
◎ 交通：從奧達沿 13 號公路往南開約 14 公里即可抵達。若從奧斯陸方向過來可由 E134 號公路過 Røldal 後轉 13 號公路北上

聖壇岩
◎ GPS 座標：山下停車場 58.991, 6.137
◎ 交通：先開車到泰于，再依 GPS 座標或指標前往聖壇岩停車場；來回約 7.6 公里，爬升約 334 公尺，總共約 5-6 小時
◎ 注意：走 13 號公路前往聖壇岩，或是離開聖壇岩往南，分別會經過 Nesvik → Hjelmeland 與 Lauvvika → Oanes 這二段渡輪，費用均為成人 kr 29、汽車 kr70（車長 6 公尺以內）

奧斯陸 Oslo

奧斯陸是挪威首都與第一大城，整個城市曾歷經大火而重建，所以有比較明顯的現代化建築風格。奧斯陸的比格迪半島（Bygdøy）位於市區西南隅，是奧斯陸著名的博物館區，包括民俗博物館（Norsk Folkemuseum）、維京船博物館（Vikingskipshuset）、海洋博物館（Norsk Sjøfartsmuseum）、佛拉姆號博物館（Framhuset）與康提基博物館（Kon-Tiki Museet）都在這一帶。由此望去可以發現奧斯陸依海而建，整個城市有著美麗的港灣風光。其實一座城市多了水岸文化會使其更具魅力，巴黎如此、紐約也如此，奧斯陸自然也是如此。

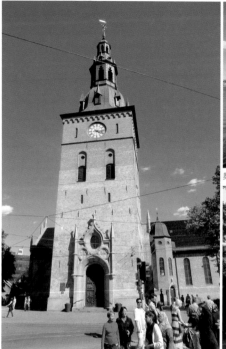

奧斯陸的比格迪半島

奧斯陸大教堂

王宮

 Data

比格迪半島
◎ GPS 座標：59.903, 10.698

王宮（Det Kongelige Slott）
◎ GPS 座標：59.917, 10.727
◎ 網址：www.kongehuset.no
◎ 開放時間：限夏季開放，英語導覽為每日 12:00、14:00、14:20、16:00（可以網路事先預約，剩餘名額也會在入口處販售）；守衛交接儀式為每日 13:30
◎ 票價：kr 95

奧斯陸大教堂
◎ GPS 座標：59.913, 10.746
◎ 網址：kirken.no
◎ 開放時間：周六至周四 10:00~16:00，周五 16:00~06:00（至周六早上）
◎ 票價：免費

路線二：德奧捷

奧地利與捷克向來是很多人心目中的夢幻之旅。不過由於德國法蘭克福是歐洲的主要門戶，可以選擇的航空公司比較多，再加上租車費用也相對低廉，所以就決定從法蘭克福出發，然後一路玩到維也納，再北上前往布拉格，最後回到德國。奧地利是個擁有湖光山色與豐富歷史文化的國家，一直是我很喜歡的國家之一；捷克的小鎮風光迷人，布拉格與傑斯基‧克姆羅夫（Český Krumlov）更是必遊之處；另外德國向來是最受觀光客喜歡的國家，沒意外的話，這將會是一趟很棒的旅行。

開車小叮嚀

在德國開車是一件十分舒服的事，這個國家擁有最便利、完善的公路系統，大部分的高速公路不但免費而且也沒有速限，可以充分享受開車的樂趣。不過在瑞士、奧地利與捷克上高速公路前，記得要去加油站附設的商店購買高速公路通行證，並貼在擋風玻璃前面，不然最好利用 GPS 避開收費路段，以免受罰喔！

景點導覽

海德堡 Heidelberg

法蘭克福國際機場是德國最大、也是歐洲第三大的機場，

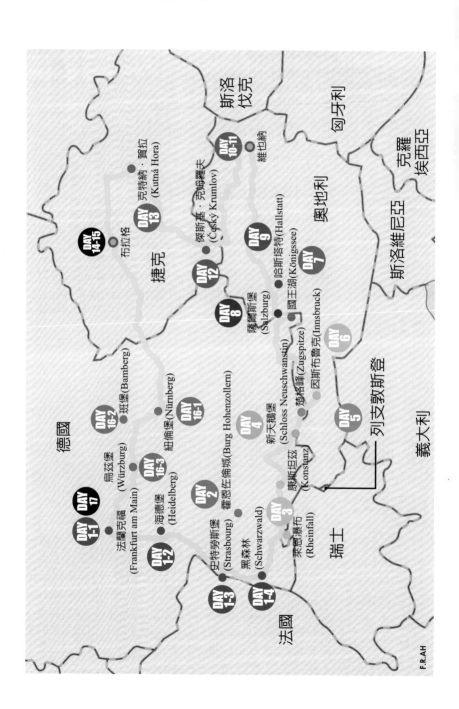

斯洛伐克

匈牙利

克羅埃西亞

斯洛維尼亞

奧地利

捷克

布拉格

DAY 14-15

DAY 13 克特納·賀拉 (Kutná Hora)

DAY 12

DAY 10-11 維也納

傑斯基·克姆羅夫 (Český Krumlov)

DAY 9 哈斯塔特 (Hallstatt)

DAY 8 薩爾斯堡 (Salzburg)

DAY 7 國王湖 (Königssee)

德國

班堡 (Bamberg)

DAY 16-2

DAY 16-1 紐倫堡 (Nürnberg)

烏茲堡 (Würzburg)

DAY 16-3

DAY 4 新天鵝堡 (Schloss Neuschwanstein)

楚格峰 (Zugspitze)

DAY 6 因斯布魯克 (Innsbruck)

列支敦斯登

義大利

DAY 1-1 DAY 17 法蘭克福 (Frankfurt am Main)

海德堡 (Heidelberg)

DAY 2 霍恩左倫城 (Burg Hohenzollern)

DAY 5

DAY 1-2 史特勞斯堡 (Strasbourg)

康斯坦茲 (Konstanz)

DAY 3

DAY 1-3 黑森林 (Schwarzwald)

萊茵瀑布 (Rheinfall)

瑞士

DAY 1-4

法國

F.R.AH

海德堡城堡區可以遠眺整個市區

海德堡的卡爾・西奧多古橋

以此為據點入境德國相當方便，而海德堡就位於法蘭克福南方約 80 公里處，向來以古老大學與古城聞名。從古城到卡爾・西奧多古橋（Karl-Theodor-Brücke）間的舊城區為整個城市的精華，登上古城可以遠眺整個海德堡與內喀爾（Neckar）河風光，宛如詩畫般的景色著實令人心曠神怡。

Data

海德堡城堡
◎ GPS 座標：49.410, 8.715
◎ 網址：www.schloss-heidelberg.de
◎ 開放時間：城堡每日 08:00–18:00；英語導覽周一至周五 11:15、12:15、14:15、16:15，周六周日 11:15–16:15（每小時一次）
◎ 票價：€ 6，語音導覽 € 4

卡爾・西奧多古橋
◎ GPS 座標：49.413, 8.709
◎ 交通：古橋一帶沿著內喀爾河有許多路邊停車格，可將車子停在這裡再步行至古城參觀

史特勞斯堡 Strasbourg

　　史特勞斯堡位於法國東部邊界，與德國為鄰，事實上，這個地方一直在德法國土戰中數次更迭易主，直到 1949 年才正式重回法國懷抱。

　　整個舊城區剛好被伊爾（L'ill）河兩條支流環抱圍繞，彷彿是天然護城河，可以說是全城精華所在，最有名氣的聖母大教堂就在裡頭，教堂裡的天文鐘每一刻會分別出現孩童、青年、成人、老人，同時整點時會出現拎著斧頭的死神來比喻生命苦短，不禁讓人想起「是日已過，命亦隨減，如

少水魚,斯有何樂」的句子,警世意味濃厚。中午
12:30 可以欣賞十二門徒向耶穌致敬的畫面,而這
座教堂的名氣也吸引很多影劇來此取景,其中美劇
《Zero Hour》有一集就直接以此天文鐘為題材。整
個史特勞斯堡於 1988 年被聯合國登錄為世界文化
遺產。

聖母大教堂
◎ GPS 座標:48.582, 7.751
◎ 網址:www.cathedrale-strasbourg.fr
◎ 開放時間:每日 07:00-12:20、12:35-19:00。
  教會有活動時不開放
◎ 票價:教堂免費,參觀天文鐘€ 2,觀景臺€ 4.6

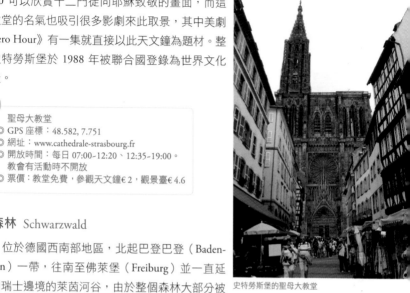

史特勞斯堡的聖母大教堂

黑森林 Schwarzwald

位於德國西南部地區,北起巴登巴登(Baden-
Baden)一帶,往南至佛萊堡(Freiburg)並一直延
伸到瑞士邊境的萊茵河谷,由於整個森林大部分被
松樹和杉木覆蓋,遠遠望去顯得黑壓壓的一片,故有「黑森
林」之稱。黑森林雖然不全然是原始森林,但整體林相優美,
配合草原與湖泊,開車在林間樂趣無窮。

黑森林
◎ GPS 座標:蒂蒂湖 47.894 , 8.144
◎ 交通:可先導航到巴登巴登一帶,沿著山路往南到蒂蒂湖或瑞士
  巴塞爾(Basel)

黑森林清晨的蒂蒂湖(Titisee)

蒂蒂湖的湖光倒影

德國黑森林

霍恩佐倫城　Burg Hohenzollern

　　隱身在黑森林中的霍恩佐倫城是德國南部最著名的城堡之一，與巴伐利亞新天鵝堡（Schloss Neuschwanstin）齊名，但霍恩佐倫城的歷史更為悠久，最早建於十一世紀，之後陸續受到破壞並一再修復，最後一次是在 1846 至 1867 年，由普魯士國王威廉四世整修成現在的規模，與新天鵝堡的興建大約是同一時期，但兩者在設計上卻截然不同。新天鵝堡走的是如童話般的溫馨路線，霍恩佐倫城則是充滿英雄主義的陽剛氣息，無論如何都是德國最具代表性的城堡建築。

　　霍恩佐倫城位於海拔 855 公尺高的柏格山山頂（Mount

霍恩佐倫城

霍恩佐倫城

Berg），所以在遠方即可以看見整個城堡的優美造形，此外山頂展望極佳，也可在此欣賞到黑森林與山下的美麗風光。

Data

霍恩佐倫城
◎ GPS 座標：48.323, 8.967
◎ 網址：www.burg-hohenzollern.com
◎ 開放時間：3/16 至 10/31 每日 10:00-17:30，11/1 至 3/15 每日 10:00-16:30
◎ 票價：城堡€7，參觀內部房間€12

萊茵瀑布　Rheinfall

素有歐洲大陸第一瀑布之稱，尤其是在 5、6 月冰雪融化時期水勢更是驚人，整個瀑布有 150 公尺寬、落差 23 公尺，可以說是歐洲大陸最壯觀的瀑布之一。

萊茵瀑布

Data

萊茵瀑布
◎ GPS 座標：47.678, 8.615
◎ 網址：www.rheinfall.ch
◎ 開放時間：全天開放
◎ 票價：免費，停車場每部車 CHF 6／2 小時，或 CHF 50／一日

康斯坦茲　Konstanz

德國南部的波登湖（Bodensee）是該國最大的湖泊，同時也是與奧地利、瑞士間的界湖，而康斯坦茲則位於波登湖

的西南岸，是整個湖畔周邊最大的城市，從
這裡有渡輪固定往來波登湖北岸城市，梅爾
斯堡（Meersburg）。

康斯坦茲渡輪站
◎ GPS 座標：47.682, 9.211
◎ 網址：stadtwerke.konstanz.de
◎ 票價：單程每人€2.7，汽車 €7.3（含
　駕駛，車身 3-4 公尺）

從康斯坦茲搭船到梅爾斯堡遊巴登湖

新天鵝堡 Schloss Neuschwanstin

　　位於富森（Füssen）附近的新天鵝堡是
德國最具代表性的建築之一，也是世界知名旅遊景點，連同
山下的郝恩修瓦高城堡（Schloss Hohenschwangau，舊天鵝堡）
與阿爾普湖（Alpsee，或稱天鵝湖），成為郝恩修瓦高地區
三個最重要的景點。新天鵝堡是巴伐利亞國王路德維希二世
於 1869 年下令興建，融合了拜占庭、哥德等各式建築而集
大成的華麗城堡，這也是迪士尼睡美人城堡靈感來源，可以
說是影響後世的偉大建築之一。

瑪利恩橋（Marienbrücke）是眺望新天鵝堡的最佳地點

新天鵝堡
◎ GPS 座標：47.557, 10.749
◎ 網址：www.neuschwanstein.de
◎ 開放時間：3/28 至 10/15 每日 09:00-18:00，10/16 至 3/27 每日 10:00-16:00
◎ 票價：€12，與舊天鵝堡合購€23

奧巴亞瑪高 Oberammergau

德國奧巴亞瑪高雖然是一個相當樸實寧靜的小鎮，然而一走進來就會被家家戶戶的壁畫所吸引，這些壁畫內容廣泛，除了有《聖經》上的故事以外，還有童話故事的可愛題材，相當引人入勝。

> 奧巴亞瑪高
> ◎ GPS 座標：47.597, 11.064

奧巴亞瑪高

林達郝夫宮 Schloss Linderhof

在巴伐利亞的歷史中，國王路德維希二世一直被認為是最狂熱的城堡修建者，新天鵝堡落成的 1869 年，他隨即著手建造了林達郝夫宮，總計費時九年，於 1878 年完成。林達郝夫宮屬於洛可可的建築風格，並模仿法國凡爾賽宮，宮殿前有金飾噴泉，後方還有一個人造的鐘乳石洞，內有水池與黃金小船，這也是路德維希二世最喜歡的一座王宮，同時也是在世時唯一建造完成並且實際居住的宮殿。

德國的林達郝夫宮

> 林達郝夫宮
> ◎ GPS 座標：47.571, 10.961
> ◎ 網址：www.schlosslinderhof.de
> ◎ 開放時間：3/28 至 10/15（夏）09:00-18:00，10/16 至 3/27（冬）10:00-16:00
> ◎ 票價：夏季€ 8.5，冬季€ 7.5（只開放王宮）、皇家狩獵小屋（Royal Lodge）€ 2

楚格峰 Zugspitze

楚格峰海拔 2,962 公尺，是德國第一高峰，屬於阿爾卑斯山脈，位在德國南部與奧地利的邊境上。欲前往楚格峰可分別由德國或奧地利上山，山頂展望極佳，也是德國最高的滑雪場，而山下的艾布湖（Eibsee）有著美麗的湖光山色，非常適合環湖健行。

前往楚格峰時經過的阿爾卑斯山下美麗湖光山色

德國楚格峰

德國楚格峰境內最高的教堂

楚格峰是德國著名的滑雪勝地

楚格峰山區的景色十分優美

山頂餐廳與教堂

Info

楚格峰上山方式

☆ **從德國上山：可在艾布湖搭乘齒輪火車或纜車**
艾布湖 GPS 座標：47.458, 10.989
網址：zugspitze.de
纜車營運時間：08:00~16:45
票價：€ 52，可搭乘 Eibsee ⟵⟶ Seibahn 間
　　　的纜車、冰河纜車或是齒輪火車上下山

☆ **從奧地利上山：可在埃爾瓦爾德（Ehrwald）**
搭纜車
埃爾瓦爾德纜車站 GPS 座標：47.427, 10.941
網址：www.zugspitz-resort.at
開放時間：5/13 至 11/1 08:30~16:45，
　　　　　7 至 9 月延長至 17:45，12/11
　　　　　至 4/10 08:30~16:30。其他時
　　　　　間不開放以進行維修
票價：上下山單次€ 15.5，冬季無限次數半天滑
　　　雪票€ 33，一天滑雪票€ 42

施華洛世奇水晶世界
Swarovski Kristallwelten

位於奧地利因斯布魯克（Innsbruck）郊區的施華洛世奇水晶世界，裡面其實是一座水晶博物館，有許多相當令人驚奇的水晶作品，以及配合聲光雷射音效而精采呈現的動態展示，彷彿進入的是一個虛幻世界，循著參觀路線前進令人讚嘆連連！

施華洛世奇水晶世界

Data

施華洛世奇水晶世界
◎ GPS 座標：47.294, 11.600
◎ 網址：kristallwelten.swarovski.com
◎ 開放時間：每日 09:00~18:30
◎ 票價：€ 19

阿亨湖 Achensee

阿亨湖是奧地利非常有名的旅遊勝地，除了擁有多條健行步道以外，在這裡還可以乘坐小火車、纜車與遊覽船，以不同方式來領略阿亨湖美麗的湖光山色。

奧地利的阿亨湖

Data

阿亨湖
◎ GPS 座標：47.467, 11.708
◎ 網址：www.achensee.com
◎ 開放時間：全天開放
◎ 票價：免費

國王湖 Königssee

國王湖區位於德國東南角，其三面皆被奧地利包圍。從貝希特斯加登（Berchtesgaden）有公路前往國王湖，最佳的遊湖方式是搭乘遊湖小船，從遊客中心出發會先抵達聖巴塞隆瑪（St. Bartholomä），在湖畔有一座相當小巧精緻、擁有紅色屋頂的可愛教堂（Kirche St. Bartholomä），由此可再搭船前往薩雷特（Salet），然後

歐柏湖

1-5 國王湖（Photo by BAYERISCHE SEEN-SCHIFFFAHRT）

步行前往歐柏湖（Obersee），此為國王湖區最美麗的湖泊，一個如夢似幻的地方。

 Data

國王湖
◎ GPS 座標：遊客中心 47.592，12.987
◎ 網址：www.seenschifffahrt.de
◎ 開放時間：4/25 至 10/18 09:00-16:15，5/14 至 10/4 08:30-16:45，6/27 至 9/14 08:00-17:15，10/19 至 4/22 09:30-16:10。船班一天約 5-10 班船次，詳細時間請查詢官網
◎ 票價：國王湖遊客中心→薩雷特€ 16.9，國王湖遊客中心→聖巴塞隆瑪€ 13.9
◎ 注意：前往薩雷特會先停聖巴塞隆瑪，所以建議直接買到薩雷特比較值得

前往哈斯塔特途中經過的沃爾夫岡湖（Woflgangsee）

前往高薩湖途中的阿爾卑斯山景色

高薩湖這一帶是非常有名的滑雪度假勝地

高薩湖的環湖步道風景優美，沿路設有教育解說設施

高薩湖 Vorderer Gosausee

　　從國王湖前往奧國世界文化遺產城市哈斯塔特（Hallstatt）途中，會先來到薩爾斯堡，之後沿途就會經過好幾個美麗湖泊，在轉進哈斯塔特之前，我們特定前往高薩湖展開健行，奧地利就是喜歡湖光山色與自然風光的朋友絕對不能錯過的美麗國家。

Data

高薩湖健行
◎ GPS 座標：47.532, 13.497

哈斯塔特 Hallstatt

　　其實在很久以前的歐洲大陸，有很大一部分是在海平面以下，然而隨著地殼間的作用而形成激烈的造山運動，並導致整個地表上升，所以原本在海面下較低窪的地區，在地表上升後就形成鹽湖，這些鹽湖的水分在滲入岩層的過程中經過長年曝晒，便形成今日的鹽礦。哈斯塔特是歐洲最古老的

奧地利哈斯塔特一景

世界文化遺產：哈斯塔特

哈斯塔特

鹽礦之一，而從阿爾卑斯山到斯洛伐克塔特山（Tatry）北麓散布著好幾處地下鹽礦，除了哈斯塔特的 Salzwelten 鹽礦外，比較知名的還有波蘭克拉科夫（Kraków）附近的維耶利奇卡鹽礦（Wieliczka），和位於德國貝希特斯加登附近的 Salzbergwerk 鹽礦（可於參觀國王湖時前往），其中前二者都已登錄為世界文化遺產。

哈斯塔特小鎮即位在同名的哈斯塔特湖畔，有著非常迷人的小鎮風光，由於與鹽礦一起登錄為世界遺產，所以這個地方也成為奧地利的必遊景點之一。

> **Data**
> 哈斯塔特鹽礦
> ◎ GPS 座標：47.555, 13.645
> ◎ 網址：www.salzwelten.at
> ◎ 開放時間：4/25 至 9/20 09:30~16:30，9/21 至 11/1 09:30~15:00
> ◎ 票價：€ 26

維也納 Vienna

奧地利首都維也納位於多瑙河西岸，因為整個城市古典音樂氣氛濃厚，所以一向有著「音樂之都」的美譽。從哈布斯堡王朝統治奧地利時，歷經神聖羅馬帝國（1278 年起）、奧地利帝國（1806 年起）和奧匈帝國（1867 年起），均以維也納為首都，所以在幾百年的建設之下，累積豐富的文化資產，正因如此，維也納的舊城區也已登錄為世界文化遺產。

國會大廈（Parlament）

維也納市政廳（Rathaus）

王宮

貝維德雷宮

熊布倫宮

維也納有名的巴洛克式建築：卡爾教堂（Karlskirche），
為當時肆虐維也納的黑死病而建

　　維也納的主要景點幾乎都分布在環城大道兩側，尤其霍
夫堡王宮（Hofburg）一帶的建築十分華麗而典雅，位於東
邊的史蒂芬大教堂（Stephansdom）塔高 137 公尺，是整個
城市最顯目的地標；另外王宮附近也是著名的博物館區，所
以這一帶自然也成為維也納的精華。環城大道外的熊布倫宮

（Schloss Schönbrunn）與貝維德雷宮（Schloss Belvedere）是維也納極盡華麗的大型宮殿，其中熊布倫宮也被登錄為世界文化遺產；貝維德雷宮現在已成立美術館可購票入內參觀，分為上（Oberes）、下（Unteres）兩宮，兩宮之間則是一座華麗的法式庭園。總之，維也納這個城市，絕對比你想像得還偉大！

霍夫堡王宮
◎ GPS 座標：48.208, 16.366
◎ 網址：www.hofburg-wien.at
◎ 開放時間：9 至 6 月 09:00-17:30，7、8 月 09:00-18:00
◎ 票價：含語音導覽€ 12.5，含專員導覽€ 15.5

史蒂芬大教堂
◎ GPS 座標：48.209, 16.373
◎ 網址：www.stephanskirche.at
◎ 開放時間：周一至周六 06:00-22:00，周日假日 07:00-22:00
◎ 票價：免費

市政廳
◎ GPS 座標：48.211, 16.357

熊布倫宮
◎ GPS 座標：48.185, 16.312
◎ 網址：www.schoenbrunn.at
◎ 開放時間：4/1 至 6/30 08:30-17:30，7/1 至 8/31 08:30-18:30，9/1 至 10/31 08:30-17:30，11/1 至 3/31 08:30-17:00
◎ 票價：Imperial Tour（含語音導覽）€ 12.9，Grand Tour 語音導覽€ 15.9、專人導覽€ 18.9

貝維德雷宮
◎ GPS 座標：48.192, 16.381
◎ 網址：www.belvedere.at
◎ 開放時間：10:00-18:00，周三下宮延長至 21:00
◎ 票價：上宮€ 14，下宮€ 11，合購€ 20

卡爾教堂
◎ GPS 座標：48.198, 16.372
◎ 開放時間：周一至周六 09:00-12:00、13:00-18:00，周日 12:00-17:45
◎ 票價：€ 6

瓦郝溪谷 / 梅爾克 Wachau / Melk

瓦郝溪谷是指從梅爾克到克雷姆斯（Krems an der Donau）這一段的多瑙河河谷地區，由於沿途有許多歷史古蹟，所以也被登錄為世界文化遺產，其中最有名的就是成立

梅爾克修道院

梅爾克修道院

於 1089 年的梅爾克修道院,外型典雅、優美,由於建於山丘上,所以可以俯瞰多瑙河,也是這一帶最亮麗的建築。遊覽瓦郝溪谷不僅可以乘船,由於溪谷兩岸都設有公路,所以也可以開車飽覽多瑙河風光。

> **Data**
>
> 梅爾克修道院
> ◎ GPS 座標:48.230, 15.333
> ◎ 網址:www.stiftmelk.at
> ◎ 開放時間:3、4、10 月 09:00-16:30,5 至 9 月 09:00-17:30
> ◎ 票價:€ 12,5/1 至 10/31 修道院花園€ 4

傑斯基‧克姆羅夫 Český Krumlov

從梅爾克往林茲(Linz)方向再往北即可進入捷克,而整個捷克最有名的小鎮首推傑斯基‧克姆羅夫,這個地方也吸引很多電影前來取景,且於 1992 年登錄為世界文化遺產,可以說是來捷克必遊的景點之一。

捷克的世界文化遺產小鎮:傑斯基‧克姆羅夫

傑斯基‧克姆羅夫城堡一景

Data

傑斯基·克姆羅夫城堡
◎ GPS 座標：48.813, 14.315
◎ 網址：www.zamek-ceskykrumlov.eu
◎ 開放時間：導覽團僅季節性開放，4、5、9、10 月 09:00-17:00，
   6 至 8 月 09:00-18:00；博物館、塔樓與花園等沒有固定開放時間，
   詳細請參見官網
◎ 票價：第一導覽團 Kč150、第二導覽團 Kč130，博物館 Kč100，
   塔樓 Kč50，博物館與塔樓合購 Kč130、花園免費

荷拉修維茨　Holašovice

　　從傑斯基·克姆羅夫往北走，在 GPS 的帶領下約莫 1 個小時即可來到這個非常具有民族色彩的小村莊：荷拉修維茨，這個地方有些偏僻所以顯得十分寧靜，被登錄為世界遺產後才漸漸打開知名度，吸引越來越多旅行團與散客前來參觀。

捷克荷拉修維茨

Data

荷拉修維茨
◎ GPS 座標：48.969, 14.272

捷克特奇的舊城區

特奇

特奇　Telč

　　位於荷拉修維茨的東北方，整個小鎮以緊臨湖面的特奇城聞名（Státní zámek Telč），由薩哈利亞修創建，鎮上最有名的廣場 Náměstí Zachariáše z Hradce 便以他命名，連同特奇城為最重要的觀光景點，這個精緻小鎮於 1992 年登錄為世界文化遺產。

Data

薩哈利亞修廣場
◎ GPS 座標：49.184, 15.454

人骨教堂

人骨教堂

聖芭芭拉大教堂

克特納‧賀拉 Kutná Hora

克特納‧賀拉位於捷克首都布拉格東方約 80 公里的車程，這個城市有二個重要的景點，一個是世界文化遺產的聖芭芭拉大教堂（Chrám svaté Barbory）；另外一個則是以人骨整齊排列而成為藝術裝飾的人骨教堂（Kostnice Sedlec）。

人骨教堂起源於十四世紀的黑死病，與十五世紀初的胡斯（Hussite）戰爭，由於在這個地區累積了大量的屍骨，到了十六世紀一名隱士才漸漸將這些骨頭移到室內，展開這項艱鉅的工作，最初人骨只是基本裝飾；十八世紀時，木刻師傅 Rint 開始將人骨排列成各種圖案，其中包括自己的家徽與簽名後，才漸漸形成今日的規模。聖芭芭拉大教堂則建於 1388 年，屬哥德式建築，於 1995 年登錄為世界文化遺產。

Data

人骨教堂
◎ GPS 座標：49.962, 15.288
◎ 網址：www.ossuary.eu
◎ 開放時間：11 至 2 月 09:00-16:00，4 至 9 月 08:00-18:00，10、3 月 09:00-17:00；周日固定 09:00-17:00
◎ 票價：Kč90

聖芭芭拉教堂
◎ GPS 座標：49.945, 15.263
◎ 網址：www.khfarnost.cz
◎ 開放時間：4 至 10 月 09:00-18:00；11 至 12 月周一至周五 10:00-17:00，周六 10:00-18:00；1、2 月 10:00-16:00；3 月 10:00-17:00
◎ 票價：Kč85

1 布拉格瓦茨拉夫廣場（Václavské náměstí），背景建築是國家博物館
2 舊市區廣場與泰恩教堂（Kostel Matky Boží před Týnem） 3 從布拉格城堡遠眺市區
4 布拉格位於新城區非常有名的一棟現代建築：跳舞的房子（Tančící dům）

布拉格 Praha

　　捷克首都布拉格地處歐洲大陸的中心，是一座著名的古城與旅遊城市，由伏爾塔瓦（Vltava）河分為兩個主要的觀

光區，河的西邊是布拉格城堡區，東邊則是舊城區與新城區，布拉格的歷史中心區於 1992 年登錄為世界文化遺產，城堡是布拉格必遊的景點，尤其是從城堡遠眺整個布拉格市區，彷彿走進童話故事的國度！

Data

瓦茨拉夫廣場
◎ GPS 座標：50.081, 14.428

泰恩教堂
◎ GPS 座標：50.088, 14.422
◎ 網址：www.tyn.cz
◎ 開放時間：周二至周六 10:00-13:00、15:00-17:00，周日 10:30-12:00。公休周一
◎ 票價：免費

布拉格城堡
◎ GPS 座標：50.090, 14.399
◎ 網址：www.hrad.cz
◎ 開放時間：4/1 至 10/31 05:00-24:00，11/1 至 3/31 06:00-23:00
◎ 票價：參觀城堡免費，另外有參觀行程套票，費用為 Kč250 或 350，若時間不夠亦可單獨購買特定景點

跳舞的房子
◎ GPS 座標：50.075, 14.414
◎ 網址：www.tancici-dum.cz

流經班堡的雷格尼茨（Regniz）河

班堡最有名的世界文化遺產：大教堂

班堡 Bamberg

從捷克回到德國的首站為班堡，這也是德國最大一座未受戰爭毀壞的歷史中心區，1993 年登錄為世界文化遺產，尤其以哥德與羅馬式混合的大教堂為最重要的觀光景點，是一棟非常壯觀的建築！

Data

班堡大教堂
◎ GPS 座標：49.891, 10.882
◎ 網址：bamberger-dom.de
◎ 開放時間：11 至 4 月周一至周六 09:00-17:00，周日 13:00-17:00；
　5 至 10 月周一至周六 09:00-18:00，周日 13:00-18:00
◎ 票價：€ 5

羅森堡的市集廣場

勝負一飲故事的鐘樓

羅森堡 Rothenburg ob der Tauber

　　羅森堡是一座要塞城，整個舊城區由城牆所圍繞，中央是市集廣場（Marktplatz），市政廳與鎮上最有名的聖雅各教堂（St. Jacob Church）就在廣場上，這裡也是人潮最多的地方。市政廳旁的鐘樓每到整點時刻，牆上的兩扇窗子便會打開，接著出現市長和將軍舉杯對飲的畫面，這個典故來自十七世紀的三十年戰爭，占領該地的將軍手拿著酒杯說：「誰可以把酒喝完，我就赦免其斬首之罪。」年邁的市長因而將這整桶酒全數喝完，成為全市的英雄。

　　除了熱鬧的市集廣場外，在此還可以登上城牆將整個舊城區遊覽一圈，也是相當有趣的體驗。

Data

羅森堡市集廣場
◎ GPS 座標：49.377, 10.179
◎ 注意：車子要停在城牆外

烏茲堡官邸

烏茲堡的聖瑪麗（Marienkapelle）大教堂

烏茲堡 Würzburg

萊茵河的上游美因（Main）河流過市區，這個城市最重要的景點是烏茲堡官邸（Residenz），這座巴洛克式的豪華建築與法國的凡爾賽宮具有相同的藝術價值，此建築於 1981 年時，連同庭園與廣場一同登錄為世界文化遺產。另外走過舊美因橋，也可以前往對岸山上的瑪麗恩堡要塞（Festung Marienberg），於此居高臨下，能將整個烏茲堡風光一覽無遺。

烏茲堡的舊美因橋與市政廳鐘塔

Data

烏茲堡官邸
◎ GPS 座標：49.793, 9.939
◎ 網址：www.residenz-wuerzburg.de
◎ 開放時間：11 至 4 月周一至周六 09:00-17:00，周日 13:00-17:00；5 至 10 月周一至周六 09:00-18:00，周日 13:00-18:00
◎ 票價：博物館€ 7，珍藏室€ 7，合購€ 11

聖瑪麗大教堂
◎ GPS 座標：49.795, 9.929
◎ 網址：www.wuerzburg.de
◎ 開放時間：每日 08:00-20:00
◎ 票價：免費

舊美因橋
◎ GPS 座標：49.793, 9.926

瑪麗恩堡要塞
◎ GPS 座標：49.790, 9.918
◎ 網址：www.schloesser.bayern.de
◎ 開放時間：3/16 至 10/9 09:00-18:00，10/10 至 10/31 10:00-16:00。公休周一、11/1 至 3/15
◎ 票價：€ 4.5

路線三：
東歐六國與希臘義大利

出發前，原本計畫用近三周的時間，以維也納為起點完整繞東歐一圈，不過因為在行程規劃時疏忽了開車入境阿爾巴尼亞的問題，導致從希臘往北上時，因車子不具進入阿國所必須具備的有效證件而遭拒絕入境，最後在希臘海關人員的建議與綜合考量下，決定直接從希臘搭船到義大利，再一路開回維也納。其實旅行過程中難免會發生意外，但更重要的是如何透過危機處理把傷害降低，意外的插曲有時也是自助旅行最有趣的地方，往往令人回味無窮。

東歐在整個歐洲地區算是比較樸實的地區，羅馬尼亞的鄉下甚至還可以看到毛驢拉車的景象，而老舊的農舍林立，更讓人有種宛如隔世的錯覺；或許也正如此，這裡的人民似乎多了一份純真與善良，讓我們在旅行之餘倍感溫暖。儘管因為 GPS 地圖不全而罷工，所以一直在東歐迷路，但也總是遇到很多好心人出手幫忙解圍，親自帶你找到目的地。

從希臘到義大利，彷彿又讓我們回到文明世界，千年古城的建築藝術精緻而華麗；羅馬的宏偉，總令人驚豔讚嘆，在感慨意猶未盡之餘，卻也足以為此行劃下美麗的句點。

開車小叮嚀

每一家租車公司對於跨境的規定都不太一樣，有些甚至還會對跨境的車子收取額外的費用，所以出發前最好跟租車公司確認清楚，以免敗興而歸。

白俄羅斯

德國

波蘭

捷克

DAY 2

奧斯威辛(Oświęcim)   克拉科夫(Kraków)

烏克蘭

塔特拉山國家公園
(Tatra National Park)   DAY 3

DAY 1

DAY 20   斯洛伐克

摩爾多瓦

維也納   布拉提斯拉瓦
(Bratislava)   DAY 4

奧地利

匈牙利   霍爾洛克(Hollókő)

布達佩斯(Budapest)

斯洛維尼亞   DAY 5   DAY 7

錫吉什瓦拉
(Sighișoara)

DAY 6   阿拉德(Arad)   布拉索夫(Brașov)

克羅埃西亞   羅馬尼亞   DAY 8

波赫聯邦   錫納亞(Sinaia)

塞爾維亞   布加勒斯特
(București)

伊萬諾沃岩窟教堂
(Rock-Hewn Churches of Ivanovo)

義大利   蒙特內哥羅   DAY 11   DAY 9

DAY 18-19   DAY 10   卡贊勒克
(Kazanlak)

羅馬   史高比耶(Skopje)   索菲亞(Sofia)   黑海

DAY 15-2

拿坡里(Napoli)   阿瑪菲   保加利亞

(Amalfi)   DAY 15-1   科索沃

DAY 17   阿爾巴尼亞   馬其頓   土耳其

龐貝古城   阿貝羅貝羅   DAY 12

(Pompei)   (Alberobello)   梅特歐拉(Meteora)

DAY 16   希臘

DAY 13-14

雅典(Athens)

東歐部分國家的 GPS 地圖涵蓋率偏低，所以開車到東歐，最好還是隨身攜帶離線地圖以備不時之需。來到義大利還是要留意交通限制區域 ZTL 標誌，在市區看到這個標誌出現最好避免把車子開進去，畢竟停在 ZTL 區就有可能會收到罰單。

景點導覽

奧斯威辛 Oświęcim

　　從維也納出發經過斯洛伐克首都布拉提斯拉瓦（Bratislava）後，一路北上即可來到波蘭奧斯威辛，這是個以集中營聞名的小鎮。第二次世界大戰期間，納粹德國把所占領土地下的猶太人、反納粹者等送到各地的集中營，其中在奧斯威辛所設立的集中營，估計超過 150 萬人在此遇害，可以說是人類史上最大的悲劇。目前集中營已成為紀念博物館（Memorial and Museum Auschwitz-Birkenau），裡面有很多觸目驚心的展示，好讓人類能從此得到省思與教訓，了解戰爭所帶來的傷害是很難從歷史傷痕中抹去的，也希望從此這個世界不再有戰爭。

Data

奧斯威辛集中營
◎ GPS 座標：第一集中營 50.027, 19.202，奧斯威辛第二集中營（比克瑙）50.034, 19.181
◎ 網址：www.auschwitz.org
◎ 開放時間：12 月 08:00-14:00，1、11 月 08:00-15:00，2、10 月 08:00-16:00，3、9 月 08:00-17:00，4、5 月 08:00-18:00，6 至 8 月 08:00-19:00
◎ 票價：免費

第一集中營奧斯威辛紀念博物館　　　　　第二集中營比克瑙（Birkenau）

克拉科夫瓦維爾皇家城堡

克拉科夫舊城區的聖瑪麗亞教堂

克拉科夫　Kraków

　　克拉科夫是波蘭第二大城，也是該國最古老的城市之一，在 1596 年以前一直是波蘭首都與政經中心，而且克拉科夫也是波蘭少數沒有在第二次世界大戰中受到破壞的城市，所以全市至今仍保持著中世紀的建築特色，也因此於1978 年被聯合國登錄為世界文化遺產。除了舊城區外，克拉科夫郊區還有二處世界文化遺產，分別為奧斯威辛集中營與維耶利奇卡鹽礦（Wieliczka），這三個世界文化遺產由於相距不遠，也成為來此必遊的三個景點。

Data

瓦維爾皇家城堡
◎ GPS 座標：50.054, 19.935
◎ 網址：www.wawel.krakow.pl
◎ 開放時間：4 至 9 月周一至周六 09:00~17:00，周日假日 12:30~17:00；10 至 3 月周一至周六 09:00~16:00，周日假日 12:30~16:00。大教堂博物館公休周日與假日
◎ 票價：大教堂免費；大教堂博物館 zł12，語音導覽 zł7；城堡內還有許多收費景點，可參考網站前往參觀

聖瑪麗亞教堂
◎ GPS 座標：50.062, 19.939
◎ 網址：www.mariacki.com
◎ 開放時間：平日 11:30~18:00，周日 14:00~18:00。彌撒禮拜時間不開放
◎ 票價：教堂 zł10、塔樓 zł15

維耶利奇卡鹽礦
◎ GPS 座標：49.983, 20.056
◎ 網址：www.kopalnia.pl
◎ 開放時間：夏季 07:30~19:30
◎ 票價：zł79

塔特拉山國家公園 Tatra National Park

塔特拉山脈是喀爾巴阡山的最高山脈，橫亙於斯洛伐克與波蘭的邊界，於 1949 年成立國家公園，也是斯洛伐克的第一座國家公園。海拔 2,655 公尺的格爾拉赫峰（Lomnický štít）為園區內最高峰，整個塔特拉山區遍布許多大大小小的鐘乳石洞與冰洞，其中僅有 12 座開放參觀，也是這裡的

塔特拉山一景

特色之一。這裡還是斯洛伐克當地非常有名的滑雪度假勝地，園區內有很多登山健行步道可以就近欣賞塔特拉山的自然風光。這座山的造形突出，從波蘭到斯洛伐克的路上很難不多看她一眼。

Data

上塔特拉山鎮（Tatranská Lomnica）
◎ GPS 座標：49.166, 20.269
◎ 網址：www.vt.sk
◎ 纜車開放時間：5 月 11 月 08:30~15:40，夏季延長至 19:10，詳細時間以網站公告為主
◎ 票價：Tatranská Lomnica→Skalnaté Pleso € 19，Skalnaté Pleso→Lomnický štít € 27
◎ 交通：先開車至上塔特拉山鎮，於此搭乘纜車上山

斯皮什城堡 Spišský hrad

斯洛伐克斯皮什城堡始建於十二世紀，當初是為了抵禦蒙古人的入侵而興建，雖曾經過大火的吞噬，但經過幾次的整修後才呈現今天的規模，並於 1993 年登錄為世界文化遺產。登上城堡展望極佳，往下望去是一片美麗的田野景色與小鎮風光，宛如一幅十分迷人的圖畫。

斯皮什城堡

從城堡往下望是一片很美的田野景色

霍爾洛克一景　　　　　　　　　　　　霍爾洛克的傳統建築

霍爾洛克　Hollókő

匈牙利的霍爾洛克離匈牙利首都布達佩斯約 100 公里的路程，雖然是個非常小的村莊，不過和日本的合掌村一樣，這個村莊因獨特且統一的木造建築工法，而被登錄為世界文化遺產。

Data
霍爾洛克
◎ GPS 座標：47.999, 19.587
◎ 網址：www.holloko.hu

布達佩斯　Budapest

布達佩斯是匈牙利首都，也是該國主要政治、經濟、交通運輸中心和第一大城，整個市區被多瑙河分為兩個城區，分別為王宮（Budavári Palota）一帶的布達，與國會大廈（Országház）所在的佩斯，1873 年統合成「布達佩斯」。

多瑙河以西的布達，以王宮周遭為精華景點，除了馬提亞斯教堂（Mátyás Templom）與王宮外，在漁夫堡（Halászbástya）更可以居高臨下遠眺整個布達佩斯市區，並將雄偉華麗的國會大廈盡收

布達佩斯的地標：國會大廈

聖伊什特萬大教堂

眼底；而佩斯除了國會大廈以外，市區最大的教堂：聖伊什特萬（Szent István Bazilika）與英雄廣場（Hősök Tere），也是不可錯過的地方。

Data

布達王宮
◎ GPS 座標：47.496, 19.039
◎ 網址：budacastlebudapest.com
◎ 開放時間：城堡區 07:30–22:00
◎ 票價：城堡免費，馬提亞斯教堂 Ft700，地下迷宮 Ft2,000

國會大廈
◎ GPS 座標：47.507, 19.045
◎ 網址：www.parlament.hu
◎ 開放時間：4/1 至 10/31 周一至周五 08:00–18:00，周六周日 08:00–16:00；11/1 至 3/31 每日 08:00–16:00
◎ 票價：Ft5,200

聖伊什特萬大教堂
◎ GPS 座標：47.501, 19.053
◎ 網址：en.bazilika.biz
◎ 開放時間：周一至周五 09:00–17:00，周六 09:00–13:00，周日 13:00–17:00
◎ 票價：免費

英雄廣場
◎ GPS 座標：47.515, 19.077

錫吉什瓦拉 Sighişoara

羅馬尼亞的錫吉什瓦拉是在十二世紀時，德意志地區的撒克遜人（the Saxons）應匈牙利國王邀請，所建構出的防禦型要塞城市，在十五世紀時又進一步被擴大並加強裝修，而有了今日規模，這是一個由 14 個塔樓和架有重炮的堡壘所組成的強大防禦系統，整個城市以鐘塔（Turnul cu Ceas）為中心，同時也是最醒目的地標，更是目前歐洲最美麗、保存最完好的中世紀城鎮之一。舊城區於 1999 年登錄為世界文化遺產。

錫吉什瓦拉不是撒克遜人在特蘭西瓦尼亞（Transylvania）一帶所建構的最大或最富有的城

錫吉什瓦拉鐘塔

市，但卻是最熱門的一個旅遊景點。穿鎮而過的丘陵街道與中世紀建築，蜿蜒的鵝卵石小巷，陡峭的樓梯，僻靜的廣場，鐘塔與塔樓的神奇組合，走在其間就彷彿時光倒流。

錫吉什瓦拉一景

Data

錫吉什瓦拉
◎ GPS 座標：鐘塔 46.219，24.793

Info

特蘭西瓦尼亞的要塞教堂 Villages with Fortified Churches in Transylvania

　　撒克遜人不僅在今羅馬尼亞東南部的特蘭西瓦尼亞地區建立許多防禦要塞城市，也建立不少具相同功能的村莊、教堂、塔樓和倉庫等，這些最重要的城鎮被完全強化，以保存他們最有價值的商品，並幫助他們抵禦外人入侵。特蘭西瓦尼亞目前擁有 150 多座十三世紀到十六世紀保存完好的要塞教堂，其中有 7 座被登錄為世界文化遺產。

羅馬尼亞地點	主要景點	GPS 座標	登錄年分
Biertan	防禦教堂	46.135, 24.521	1993
Câlnic	堡壘	45.889, 23.660	1999
Dârjiu	防禦教堂	46.202, 25.199	1999
Prejmer	防禦教堂	45.722, 25.774	1999
Saschiz	防禦教堂	46.194, 24.961	1999
Valea Viilor	防禦教堂	46.083, 24.277	1999
Viscri	防禦教堂	46.055, 25.088	1999

Biertan 的防禦要塞教堂　　Saschiz 的防禦要塞教堂　　Prejmer 的防禦要塞教堂

布拉索夫 Braşov

　　布拉索夫是羅馬尼亞第二大城，建城於坦帕山（Tâmpa）下，也是由德意志人所建，城市的名字就掛在山上，非常醒

布拉索夫的地標：坦帕山 布拉索夫市區一景

目，山頂更設有瞭望臺，搭乘纜車登頂後，視野奇佳可以鳥瞰整個市區，來此千萬不可錯過。而市區最有名的景點要算是斯法托露依廣場（Piaţa Sfatului），與一旁的黑教堂（Biserica Neagră）。此外，布拉索夫西南方約 30 公里處還有一座以吸血鬼德古拉城堡聞名的布蘭城堡（Castelul Bran），這個城堡名氣之響亮更勝過布拉索夫本身，也是羅馬尼亞人氣最旺的景點之一。

> **Data**
>
> 坦帕山纜車站
> ◎ GPS 座標：45.639, 25.593
>
> 黑教堂
> ◎ GPS 座標：45.641, 25.587
> ◎ 開放時間：夏季周二至周六 10:00-19:00 周日 12:00-19:00；冬季周二至周六 10:00-15:00，周日 12:00-15:00
> ◎ 票價：lei 4
>
> 布蘭城堡
> ◎ GPS 座標：45.515, 25.367
> ◎ 網址：www.bran-castle.com
> ◎ 開放時間：4/1 至 9/30 周一 12:00-18:00，周二至周日 09:00-18:00；10/1 至 3/31 周一 12:00-16:00，周二至周日 09:00-16:00
> ◎ 票價：lei 30

錫納亞 Sinaia

錫納亞位於布拉索夫南方 50 公里處，這個觀光小鎮一向以避暑與滑雪聞名，全年觀光客絡繹不絕，主要景點有錫納亞修道院（Mănăstirea Sinaia），與鄰近的佩雷什城堡

錫納亞修道院

佩雷什城堡

（Castelul Peleş）、佩里索爾城堡（Castelul Pelişor）與夫里索
爾城堡（Castelul Foişor）等，來此可以將車子停在錫納亞修
道院一帶，以步行方式悠閒地欣賞這些景點。

Data

錫納亞修道院
◎ GPS 座標：45.355, 25.549
◎ 開放時間：10:30-16:30；9/16 至 5/31 博物館只接受大於 20 人的事先預約
◎ 票價：免費

布加勒斯特 Bucureşti

布加勒斯特市區一景

羅馬尼亞首都，位於該國南部，也是
羅馬尼亞最大的城市與政治、經濟、文化中
心，該市已有 500 多年的歷史。十五世紀
時，布加勒斯特已成為羅馬尼亞的要塞並漸
漸發展成為都市，1659 年起成為瓦拉幾亞
公國首都，並於 1862 年成為統一後的羅馬
尼亞國家首都。1877 年 5 月 9 日羅馬尼亞
在此宣布獨立，此後經濟不斷發展下，成為
羅馬尼亞具有代表性的城市，並有「巴爾幹小巴黎」之美譽。
市區最具代表的建築物為國民宮（Casa Poporului），號稱世
界第二大的建 **Data**
築物，僅次於
美國的國防部
五角大廈！

國民宮
◎ GPS 座標：44.427, 26.087
◎ 網址：www.cdep.ro/pls/dic/site.page?id=10&idl=2
◎ 開放時間：10:00-16:00
◎ 票價：完整行程 lei 45，標準行程 lei 25

國民宮

布加勒斯特市區一景

伊萬諾沃的岩窟教堂

岩窟教堂的婚禮

伊萬諾沃岩窟教堂
Rock-Hewn Churches of Ivanovo

伊萬諾沃岩窟教堂位在保加利亞東北方的勞森斯基隆美（Roussenski Lom）河谷一帶，這些教堂從十二世紀開始便鑿岩石而建，而在這些鑿岩而砌的石室中，也可以見到十二世紀的壁畫藝術，在為數眾多的岩窟教堂中又以 Basarbovo 修道院最為有名。

前往這個岩窟教堂其實有點辛苦，除了位置比較偏僻以外，再來就是 TomTom GPS 地圖沒有支援，所以只好到處問人，還好遇到一位曾經來高雄做遊艇生意的阿伯親自領我們到此，所以滿懷感激這世間盡是溫暖。

Data

岩窟教堂（Basarbovo 修道院）
◎ GPS 座標：43.767, 25.965
◎ 開放時間：10 至 3 月 08:00-17:00，4 至 9 月 08:00-19:00
◎ 票價：лв4
◎ 交通：可從保加利亞魯塞（Pyce）走 501 號公路往南前往 Basarbovo，於勞森斯基隆美河前左轉（往東）續行 1.5 公里即可抵達

卡贊勒克 Kazanlak

　　保加利亞的玫瑰谷以卡贊勒克為中心向外延伸出去，一向是全球玫瑰香料的生產中心，幾乎占全球 70% 的市場。來到這裡可以參觀玫瑰博物館，這裡有玫瑰精油的製造過程與蒸鍋等器具展示。卡贊勒克還有一個色雷斯人之墓（Thracian Tomb of Kazanlak）也已登錄為世界文化遺產，裡面展示西元前 300 年的壁畫，以亮麗的用色呈現色雷斯人的埋葬儀式與戰鬥模樣。另外離卡贊勒克市區北方約 12 公里處還有一座東正教風格的錫普卡修道院（Shipka Monastery ／ Храм-паметник），都是來此不可錯過的景點。

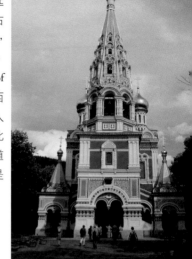

Data

色雷斯人墓
◎ GPS 座標：42.626 , 25.399
◎ 開放時間：5 至 9 月 09:00~17:00
◎ 票價：лв3

錫普卡修道院
◎ GPS 座標：42.716, 25.329
◎ 開放時間：08:30~17:30
◎ 票價：免費

錫普卡修道院有著濃濃的東正教教堂風格

索菲亞 Sofia

　　索菲亞是保加利亞首都和最大城市，歷史悠久，由色雷斯人所建，至今已存在近 2,400 年了。整個城市位於索菲亞盆地南部，四周山地環繞，十九世紀俄土戰爭結束，保加利亞獨立為一民族國家後，索菲亞才成為該國的首都，其名稱來自市區內的聖索菲亞教堂，不過整個城市最著名的教堂卻是聖索菲亞教堂旁的亞歷山大‧涅夫斯基教堂

索菲亞大學

（Храм-паметник Свети Александър Невски），這個可容納 5,000 人、擁有 12 座黃金半圓形屋頂的的拜占庭樣式華麗教堂，也被譽為巴爾幹半島最美的教堂，1882 年開始動工，歷時約 40 年才完成；另外，作為城市精神象徵的索菲亞雕像也是不可錯過的景點。

管制中的亞歷山大・涅夫斯基大教堂　　國會議事堂

Data

亞歷山大・涅夫斯基教堂　　索菲亞雕像
◎ GPS 座標：42.696, 23.333　◎ GPS 座標：42.697, 23.321
◎ 開放時間：每日 07:00-18:00
◎ 票價：免費

里拉修道院　Rilski Manastir

里拉修道院

　　位於保國首都索菲亞南方約 120 公里處，以色彩鮮麗的建築風格著稱，在群山萬壑中更顯得出眾，其歷史可以追溯到西元十世紀前，名為伊凡・利爾斯基（Иван Рилски）的修士在此建立小型的修道院後，便逐漸發展成中世紀的宗教與文化中心。里拉修道院在 1833 年幾乎被大火所吞噬，然而如今也已修復完成。雖然修道院隱藏在群山之中，但一進到裡頭還是能馬上被它醒目的造形與獨特紋路所吸引，於 1983 年登錄為世界文化遺產。

Data

里拉修道院
◎ GPS 座標：42.133, 23.340
◎ 網址：rilamonastery.pmg-blg.com
◎ 開放時間：每日 06:00-22:00
◎ 票價：免費

史高比耶　Skopje

　　史高比耶是馬其頓共和國的首都，也是馬其頓最大的都市和政治與經濟中心，馬其頓全國約有三分之一的人口居住在這裡。史高比耶有著相當現代化的建築，而這個國家也因

為地理位置的關係，自古便多民族混雜而居，如此多樣的文化也造就了這個城市各式紛陳的建築。整個城市的主要景點都集中在馬其頓廣場（Macedonia Square）一帶，從這個廣場附近正在大興土木中不難發現，馬其頓當局努力發展觀光的企圖心不小，或許這個城市未來會吸引更多人的目光。

史高比耶馬其頓廣場

 Data
馬其頓廣場
◎ GPS 座標：41.996, 21.431

梅特歐拉

梅特歐拉奇石景觀林立，是少數自然與文化雙重遺產

梅特歐拉 Meteora

梅特歐拉在希臘語的意思即為「在天空之上」，希臘卡蘭帕卡（Kalambaka）一帶有許多直向天際的岩石，從十四世紀開始便有修士在此設立修道院，當中有 24 座寺院矗立在天然的砂岩柱上，故梅特歐拉有著天空之城的美名，其中 6 座至今仍為完好。

史蒂芬修道院

1988 年，梅特歐拉被聯合國登錄為世界自然與文化雙重遺產。史蒂芬修道院（Monastery of St. Stephen）這一帶視野極佳，可以遠眺整個梅特歐拉山區與山下的卡蘭帕卡，這個小鎮也是前往天空之城最重要的據點。

Data

梅特歐拉地區 GPS 座標
建議行車順序如下，可大致走完整個山區
◎ 卡斯特拉基（Kastraki）：39.716, 21.618
◎ 聖尼可拉斯修道院（Monastery of St. Nicholas Anapavsa）：39.724, 21.624
◎ 大梅特歐拉修道院（Monastery of the Great Meteoron）：39.727, 21.627
◎ 聖史蒂芬修道院：39.709, 21.639
◎ 卡蘭帕卡：39.707, 21.629

雅典衛城

從衛城一帶遠眺卡維利特斯丘陵（Licabettus Hill）

為了縮短希臘半島與伯羅奔尼撒半島（Peloponnese）的距離而開鑿的柯林斯人工運河（Korinthos Canal），此為連接兩岸的「沉橋」奇觀

從希臘搭船前往義大利布林底西（Brindisi），晚上會停靠希臘北方港口伊格梅尼查（Igoumenitsa），隔天清晨才會抵達

雅典 Athens

由於沒有開車進入阿爾巴尼亞的入境許可證件，所以只得南下繞進希臘，再從帕特雷（Patras）搭船至義大利並一路北上回到奧地利。因為這場突如其來的意外，讓我們有了參觀雅典衛城（Acropolis）的機會。

衛城建於西元前六世紀，至今已經有 2,600 的歷史，而建築總負責人菲迪亞斯（Phidias）被公認為最偉大的古典雕刻家。在古希臘，每個城邦的中心地區都有一塊「衛城」以作為城邦防衛中心，同時也是政治、經濟與信仰中心。雅典衛城位於一座小山頂的臺地上，四周陡峭，十分符合防衛中心的特性，周遭重要的建築有帕德嫩神殿（Parthenon）、希羅德・阿提科斯劇場（Herod Atticus Odeon）、雅典娜立像（Statue of Athena）等；此外，從普尼克斯山丘（Pnyx Hill）展望良好，可以將整個雅典市區盡收眼底。由於衛城保留相當完整的千年建築與雕刻藝術，所以在 1987 年登錄為世界文化遺產，也是整個雅典最受歡迎的旅遊景點。

Data

衛城
◎ GPS 座標：37.970, 23.725
◎ 網址：odysseus.culture.gr
◎ 開放時間：4/1 至 10/31 周二至周日 08:00~19:30，
　周一 11:00~19:30；11/1~3/31 每日 08:30~15:00
◎ 票價：€ 12

柯林斯運河沉橋
◎ GPS 座標：37.918, 23.007

帕特雷
◎ GPS 座標：38.227, 21.721

義大利南方的阿貝羅貝羅

阿貝羅貝羅

阿貝羅貝羅　Alberobello

　　從希臘到義大利的首站就是以獨特可愛蘑菇造形聞名於世，且登錄為世界文化遺產的阿貝羅貝羅，這種分布在義大利南方巴里（Bari）南部，擁有白色圓頂的石屋，在當地稱之為「土魯利」（Trulli）。主要是利用當地所產的石灰岩建造，而且各家屋頂有各自圖樣與特色，奇特造形相當難得，來到這個可愛的蘑菇村似乎也成為此行最意外的驚喜。

Data

阿貝羅貝羅
◎ GPS 座標：當地大教堂 40.786, 17.236
◎ 交通：可將車子導航到大教堂附近後步行前往

蒙特城堡　Castel del Monte

　　蒙特城堡是一座造形非常獨特的八邊形城堡，由神聖羅馬帝國皇帝腓特烈二世建於十三世紀，有別於一般城堡特有的防禦功能，這座城堡直接建在小山丘上，周圍並未設有護城河等防禦性工事，所以也被認為並非以防禦功用為主，然而也不可否認其造形優美的藝術價值，故於 1996 年被聯合國教科文組織登錄為世界文化遺產。

蒙特城堡

Data

蒙特城堡
◎ GPS 座標：停車場 41.077, 16.275
◎ 網址：www.casteldelmonte.beniculturali.it
◎ 開放時間：10/1 至 3/31 09:00~18:30，4/1 至
　 9/30 10:15~19:45
◎ 票價：€ 5
◎ 交通：城堡內部未設有停車站，需先將車子
　 停在城堡外的停車場，再步行或搭接駁公車
　 前往

阿瑪菲　Amalfi

阿瑪菲海岸風光

　　義大利有兩段著名的海岸人文景觀被
登錄為世界文化遺產，其一是位於北部比
薩附近的五漁村，另外一段則是位於拿坡
里（Napoli）東南方約 70 公里的阿瑪菲
（Amalfi），這段海岸因自然景觀豐富優美，
加上擁有不少迷人的建築藝術，在 1997 年
也被登錄為世界文化遺產。

Data

阿瑪菲
◎ GPS 座標：40.634, 14.602
◎ 交通：前往阿瑪菲海岸線可將車子導航到薩萊諾（Salerno），再沿海岸線前進；
　 也可由龐貝出發前往索倫托（Sorrento）再至阿瑪菲，景觀會更美

龐貝古城　Pompei

　　西元 79 年 8 月 24 日，維蘇威火山忽然爆發，掩埋住山
下的整個城市，直到 1599 年欲引河水開闢地下水道，才挖
掘出有雕刻的古牆，而漸漸被世人所熟知。

　　龐貝的建城歷史可以追溯到西元前 600 多年，火山爆發
時，龐貝城已經算是一個高度繁榮的都市了，來到龐貝古城
不禁會令人讚嘆距今 2,000 多年的古羅馬城市，竟然已經有
多樣的風貌，包括規劃整齊的街道，十分先進的路標概念，
頗具規模的房舍建築，還有保留完整的競擊場和妓院，甚至
當時生動大膽的繪畫，真的是一個非常不可思議的地方，正
因其特殊考古價值，1997 年龐貝城被登錄為世界文化遺產。

龐貝古城與維蘇威火山

龐貝古城的競技場

由於維蘇威火山爆發得太過突然，因此活生生記錄下當時居民的生活情形，如今考古挖掘的工程都還持續進行，走在期間腳步不免沉重起來，希望活在這個世紀的我們，可以拜科學與資訊進步之賜，避免這種人間悲劇再次發生。

當時的生活情形也一起被活埋，隨著考古的展開而漸漸重現於世

Data

龐貝古城
◎ GPS 座標：40.749, 14.482
◎ 網址：www.pompeiisites.org
◎ 開放時間：4/1 至 10/31 08:30-19:30，11/1 至 3/31 08:30-17:00
◎ 票價：€ 13

拿坡里 Napoli

拿坡里距離龐貝古城約 20 公里的路程，兩個城市剛好就位於維蘇威火山的南北兩邊，這也是十分具有歷史的城市，拿坡里建於西元前 600 年，經過 2,000 多年來的發展，目前是義大利第三大城，以豐富的歷史、文化、藝術和美食著稱，拿坡里歷史中心也被登錄為世界文化遺產。除了拿坡里歷史中心區、龐貝古城、阿瑪菲海岸外，位於

拿坡里普雷比席特（Plebiscito）廣場

卡塞塔（Caserta）的十八世紀王宮也同樣被列入世界文化遺產，所以在拿坡里值得多花點時間好好欣賞，這也正是義大利的魅力所在：全球「世界遺產」最多的國家！

普雷比席特廣場（Piazza Plebiscito）
◎ GPS 座標：40.836, 14.248

卡塞塔王宮
◎ GPS 座標：41.072, 14.327
◎ 網址：www.reggiadicaserta.beniculturali.it
◎ 開放時間：08:30-19:30。皇家公園與英國
　花園冬季只開放至 14:30、夏季會延長至
　19:00
◎ 票價：€ 12

世界文化遺產：卡塞塔王宮

聖彼得廣場（Piazza San Pietro）

羅馬納佛那廣場是以前古代羅馬的競技場遺跡，中央有貝尼尼的雕刻大作「四河噴泉」和埃及方尖碑

羅馬 Roma

　　羅馬為義大利首都，也是該國政治、經濟、文化和交通中心，這個城市建城已超過 2,700 年，是世界著名的歷史名城，也是羅馬帝國的發源地，因其歷史悠久而有「永恆之城」之稱。

　　梵諦岡是天主教教宗駐地。羅馬與佛羅倫斯同為義大利文藝復興中心，現今仍保存相當豐富的文藝復興與巴洛克風貌，這樣豐富的藝術成就使得羅馬有著巨型露天博物館之稱，也和梵諦岡一樣被登錄為世界文化遺產。羅馬最被世人所熟知的景點自然是獲選為新世界七大奇蹟的圓形競技場（Colosseo），另外興建於西元前 27 年的萬神殿（Pantheon）也可以算是羅馬十分珍貴的建築遺產，米開朗基羅盛讚為「天使的設計」，足見其建築地位之崇高。其他如威尼斯廣場（Piazza Venezia）、納佛那廣場（Piazza Navona）等，都是不容錯過的地方。

萬神殿是目前羅馬保存最完善的古代建築

威尼斯廣場的維多利歐艾曼紐二世紀念館（Monumento a Vittorio Emanuele II）

　　羅馬不是一天造成的，也絕不是一天就可以看完的，我們在有限時間下也該暫時告別了，接下來將直奔維也納，而羅馬的偉大建築與藝術成就則永遠等著接受世人的禮讚，即使在千年之後……。

Data

萬神殿
◎ GPS 座標：41.899, 12.477
◎ 網址：www.turismoroma.it/cosa-fare/pantheon
◎ 開放時間：周日 09:00-18:00，其他 09:00-19:30，例假日 09:00-13:00
◎ 票價：免費

圓形競技場
◎ GPS 座標：41.890, 12.492
◎ 網址：www.coopculture.it
◎ 開放時間：08:30-16:30，夏季延長至 19:15。每年時間有所變動，詳見官網
◎ 票價：€ 12、語音導覽€ 5.5

梵諦岡聖伯多祿大教堂
◎ GPS 座標：41.902, 12.456
◎ 網址：www.vatican.va/various/basiliche/san_pietro
◎ 開放時間：4 至 9 月 07:00-19:00，10 至 3 月 07:00-18:00
◎ 票價：免費，圓頂費用電梯€ 7、樓梯€ 4，語音導覽€ 5，博物館€ 6

相關 GPS 座標
◎ 納佛那廣場：41.899, 12.473
◎ 威尼斯廣場：41.896, 12.482

國家圖書館出版品預行編目資料

開車玩歐洲超簡單 / 李宜樺著. -- 初版. -- 臺北市 : 華成圖書, 2015.11
　面 ;　公分. -- (GO簡單系列 ; G0206)
ISBN 978-986-192-262-1(平裝)

1.自助旅行 2.汽車旅行 3.歐洲

740.9　　　　　　　　　　　　　104018642

GO簡單系列　G0206

開車玩歐洲超簡單

作　　者／李宜樺

出版發行／華杏出版機構
　　　　　華成圖書出版股份有限公司
　　　　　www.far-reaching.com.tw
　　　　　11493台北市內湖區洲子街72號5樓
　　　　　戶　　名　華成圖書出版股份有限公司
　　　　　郵政劃撥　19590886
　　　　　e-mail　huacheng@farseeing.com.tw
　　　　　電　　話　02-27975050
　　　　　傳　　真　02-87972007
　　　　　華杏網址　http://www.farseeing.com.tw/2005/farreaching/index.php
　　　　　e-mail　fars@ms6.hinet.net
　　　　　華成創辦人　郭麗群
　　　　　發 行 人　蕭聿雯
　　　　　總 經 理　熊芸
　　　　　法律顧問　蕭雄淋・陳淑貞

　　　　　總 編 輯　周慧珮
　　　　　企劃主編　蔡承恩
　　　　　企劃編輯　林逸叡
　　　　　執行編輯　袁若喬
　　　　　美術設計　林亞楠
　　　　　印務專員　何麗英

定　　價／以封底定價為準
出版印刷／2015年11月初版1刷

總 經 銷／知己圖書股份有限公司
　　　　　台中市工業區30路1號　　電話　04-23595819　　傳真　04-23597123

☺ 讀 者 回 函 卡

謝謝您購買此書，為了加強對讀者的服務，請詳細填寫本回函卡，寄回給我們（免貼郵票）或 E-mail至huacheng@farseeing.com.tw給予建議，您即可不定期收到本公司的出版訊息！

您所購買的書名/_____　　購買書店名/_____

您的姓名/_____　　聯絡電話/_____

您的性別/□男 □女　　您的生日/西元_____年____月____日

您的通訊地址/□□□□□_____

您的電子郵件信箱/_____

您的職業/□學生　□軍公教　□金融　□服務　□資訊　□製造　□自由　□傳播
　　　　　□農漁牧　□家管　□退休　□其他

您的學歷/□國中（含以下）　□高中（職）　□大學（大專）　□研究所（含以上）

您從何處得知本書訊息/（可複選）

□書店　□網路　□報紙　□雜誌　□電視　□廣播　□他人推薦　□其他

您經常的購書習慣/（可複選）

□書店購買　□網路購書　□傳真訂購　□郵政劃撥　□其他_____

您覺得本書價格/□合理　□偏高　□便宜

您對本書的評價（請填代號/ 1.非常滿意 2.滿意 3.尚可 4.不滿意 5.非常不滿意）

封面設計_____　版面編排_____　書名_____　內容_____　文筆_____

您對於讀完本書後感到/□收穫很大　□有點小收穫　□沒有收穫

您會推薦本書給別人嗎/□會　□不會　□不一定

您希望閱讀到什麼類型的書籍/_____

您對本書及我們的建議/

華杏出版機構

華成圖書出版股份有限公司　收

11493台北市內湖區洲子街72號5樓　TEL/02-27975050

（沿線剪下）

（對折黏貼後，即可直接郵寄）

😊 本公司為求提升品質特別設計這份「讀者回函卡」，懇請惠予意見，幫助我們更上一層樓。感謝您的支持與愛護！

www.far-reaching.com.tw　　　　請將 G0206 「讀者回函卡」寄回或傳真 (02) 8797-2007